『学び合い』

誰一人見捨てない教育論

西川 純 著

明治図書

本書執筆の意図

　私は学力的には最底辺の定時制高校の物理教師として採用され，そこで見捨てられていく子どもを嫌というほど見ました。そして，分かる授業，面白い授業の限界を知りました。大学に異動してからは，「私はどうやったら子どもを救えたのだろう」と思い，狂ったように研究をしました。数多くの論文を書き，多くの学会から賞をいただきました。（興味のある方は「西川純の部屋」で検索し，プロフィールを開いて下さい。）

　しかし，どこまでやっても出口が見えません。最終的には，「子どもの多様性を認め，三十人の子どもにはそれぞれに最適な学習が必要である」という結論に至りました。それは，一人の教師での対応が絶対に不可能であることは自明です。そこで『学び合い』研究にシフトしました。

　2000年の「学び合う教室」から2006年の「勉強しなさい！を言わない授業」まで学術研究の成果を紹介する形式で，学び合うことによる子どもの変容を紹介しました。それらの一連の本は，教師用図書の大部分を占めるノウハウ本ではありません。私の研究室の内部では，それなりのノウハウが蓄積整理されていました。しかし，未成熟のノウハウを公開することに不安を持ちました。そこで，そのノウハウの一部をまとめた「『学び合い』の手引き」をネットで公開しました。ただし，大々的に宣伝はしませんでした。

　限られた情報の中で実践を始めた方が全国におられます。その方々からお悩みメールが来ます。それに対して，私は応え，提案しました。提案された方々はそれを実践し，その結果を私にフィードバックします。それによって蓄積・整理されたノウハウは順次，SNS で公開します。それを見て実践した方々からのお悩みメールを受け…。この数千人の実践者との10年以上の蓄

積をまとめたのが，『学び合い』最初のノウハウ本である「『学び合い』ステップアップ」です。その後，集中的にノウハウ本を書いた結果，初歩的な誤解によるお悩みメールは激減しました。

　私の本のほとんどは，2010年までに確立したノウハウをまとめたものです。しかし，その後も西川研究室では研究を深めていたのは当然です。経営学で有名なドラッカーは「自らの製品，サービス，プロセスを自ら陳腐化させることが，誰かに陳腐化させられることを防ぐ唯一の方法である。」と述べています。2010年以降の西川研究室の成果は，私の本を陳腐化させ続けたのです。

　私の本を読み続けている方だったら，2016年の「学歴の経済学」にビックリしたと思います。『学び合い』のことを書いていないからです。その後も，『学び合い』と無関係の本を書いており，最近ではその方が多くなっています。しかし，それは私が『学び合い』から離れたのではなく，授業レベルの『学び合い』より上の次元にシフトしただけなのです。これを「生き方レベルの『学び合い』」と呼びましょう。

　私の教育実践の場は西川研究室です。当然，完全無欠の『学び合い』で運営されています。そこでは，授業レベルの『学び合い』の本（即ち私の大多数の本）で書いていることを，全くしていません。従来型授業の教師が『学び合い』の授業を見たとき，「丸投げ」という印象を持ちます。それは，従来型授業の教師が大事にしているものを捨てているから，何もしていないように見えるのです。しかし，生き方レベルの『学び合い』で運営されている集団（例えば西川研究室）を多くの『学び合い』の実践者が見れば「丸投げ」と見えるでしょう。それは授業レベルの『学び合い』で大事にしていることを，生き方レベルの『学び合い』では捨てているからです。

　生き方レベルの『学び合い』が実践できれば，より高い成果を得られます。そして，個別最適化する未来の教育においてどのような授業をすべきかが分かります。不遜ですが，本当に個別最適化した教育においては，「生き方レベルの『学び合い』」が唯一の解答になると思います。

Contents

本書執筆の意図

1 『学び合い』とは

2 授業レベルの『学び合い』でつまずくポイント

3 『学び合い』で よく聞かれること Q&A

4 『学び合い』の目的とは？
子ども達の生涯の幸せを保障するために

5 最高の『学び合い』とは何か
生き方レベルの『学び合い』の姿

6 | 『学び合い』の未来
自分自身の生き残り

1 『学び合い』とは

はじめに

　本書が『学び合い』関連で最初に読む本である方もおられるでしょう。第1章では，『学び合い』初心者の方むけに『学び合い』について解説します。併せて，中級者の方にも改めて整理する機会になると思います。

　ただし，本章だけで『学び合い』の全貌を説明することは不可能です。そこで最初に何を学ぶべきかを書きます。

　『学び合い』を実践するにあたって，以下の5冊は絶対にお読み下さい。

①『学び合い』ステップアップ（学陽書房）

　　：『学び合い』のノウハウを全体的に俯瞰出来る本です。

②『学び合い』を成功させる教師の言葉がけ（東洋館出版社）

　　：『学び合い』を実践して起こる，教師を不安にさせる子どもの典型的な言動を時系列で紹介し，その原因と対処法を説明している本です。

③週イチで出来る！アクティブ・ラーニングの始め方（東洋館出版社）

　　：いきなり全面的に『学び合い』にシフトすることは，バンジージャンプをするのと同じで勇気が必要です。そこで週イチから始める方法を紹介しています。

④学力向上テクニック入門（明治図書出版）

　　：テストの点数という結果を示さなければ，子どもも保護者も，そして同僚・上司も納得させられません。『学び合い』では抜群に向上できます。読めば，「な〜んだ」と納得されると思います。

⑤みんなで取り組む『学び合い』入門（明治図書出版）

　　：『学び合い』は従来型授業とかなり異質です。そのために，周りとの軋轢を生じる危険性があります。それを避ける方法を紹介しています。

これら5冊を読み，その通りに実践したならば，確実に成功します。『学び合い』は徹頭徹尾，学術データと実践データに裏打ちされているので，再現性が非常に高いです。

　残念ながら「『学び合い』スタートブック」だけ読み実践し，失敗する方が少なからずいます。「『学び合い』スタートブック」はおそらく『学び合い』関係の本では最も売れた本です。「『学び合い』スタートブック」は『学び合い』の素晴らしさを伝えた本ですが，いわゆるノウハウ部分が少ないのが欠点です。あそこに書かれていることだけで『学び合い』を成功させられるのは，既に『学び合い』的な実践を行っていた人のみだと思います。

　そして，中級者の方にお願いです。「学び合う教室」，「学び合いの仕組みと不思議」，「「静かに！」を言わない授業」，「「座りなさい！」を言わない授業」，「「忙しい！」を誰も言わない学校」，「「勉強しなさい！」を言わない授業」（いずれも東洋館出版社）という『学び合い』の初期の本をお読み下さい。

　後述しますが，中級者になれば，私の本で紹介したノウハウを破る段階になります。しかし，破っていいところ，いけないところの見極めは難しいと思います。

　『学び合い』を実践している方の中には，よく勉強されており，従来型授業の引き出しも多い方もおられます。その方の場合，かつて使ったことのあるノウハウを使えば，もっと良くなると考えるのは当然です。しかし，『学び合い』と相性のいいノウハウもあれば，相性の悪いノウハウもあります。

　お刺身は美味しいですよね，チョコレートも美味しいですよね。では，両者を組み合わせたら，もっと美味しくなりますか？とてつもなく不味くなります。

　先に述べた本は，授業レベルの『学び合い』のノウハウがどのような学術データによって開発されたかを紹介しているのです。それを理解すれば，『学び合い』との相性の良し悪しが判断できるようになります。

1 一般的な授業レベルの 『学び合い』

最初に，一般的な授業レベルの『学び合い』の姿を紹介します。
『学び合い』を最初に始めるときには，２つのことを説明します。

　第一は，先生の話を一方的に聞くよりも，分からないと思ったときに分かる人に説明してもらう方が分かる。また，塾・予備校等で既に学んだ人は，もう一度同じ事を教わるより，人に教えることで理解が深まる。

　第二は，在学中はもちろん，社会へ出てから大事なのは人との関わり方を学び，困ったら助けてくれる仲間を作ること。全員が，より多様で多数の仲間を得るためには，全員達成にこだわること。

　この授業では，移動自由，相談自由。しかし，全員達成にはこだわること。

　名前を書いた磁石を黒板に貼る。その横には「分かった」と書いた下に大きな丸を書く。課題が全部終わった人は，磁石をその丸の中に移動する。これによって，誰が分かったか，誰が分からないかが一目瞭然になる。課題の答えは，教卓の上に置いておくので，自分で丸付けをする。

　課題を与える。算数・数学の場合，教科書の見開きの問題を全部解くことなどが典型的です。課題提示は５分以内，課題の説明はしない。授業の最後の５分になったら，自席に戻り静かにすること。

　以上のルールを述べます。次回以降は，課題提示のみで開始です。

　授業の最後の５分程度になったら振り返りをします。ただし，課題の振り返りはしません。

　第一に，この時間に起こった望ましい行動を取り上げます。

第二に，次までに改善すべき行動を取り上げます。

　最後に，全員達成したか否かを確認します。一人でも課題が出来なかったら，ダメであることを強調します。

　以上を繰り返します。つまり，板書はありません。発問もありません。説明もありません。

　多くの教師は，この授業を見るとビックリします。しかし，それに近いことはやっているはずです。例えば，友達の家に集まって夏休みの宿題をやることを想像して下さい。そこには教師はいないのですから，当然，板書・発問・説明はありません。その代わり，分からないことがあったら，その時々に，友達に聞く事はあります。

　以前，部活動の研究をしたことがあります。中学校の場合，強い選手を集めることはしません。つまり，基本的には子ども集団のレベルはどの学校も同じです。ところが，特定の教師が赴任すると，県大会，全国大会で好成績を収める場合があります。その教師にインタビューすると，手取り足取りの指導は基本的にはしていませんでした。

　部活動の目的は単に勝つためのものではなく，生涯の仲間を得ることだと強調します。これによって，３年生になってもレギュラーになれなくて泣く生徒は無くなります。練習プログラムは基本的なプログラムとそれらの意義は説明しますが，どのようなプログラムにするかは生徒に任せます。教師が来る前に準備が始まり，練習を始めます。教師は練習の様子をボーッと眺めています。時には居眠りをしています。しかし，練習の最後にはその日に起こったことを詳細に見ていることに生徒達は驚くのです。

　つまり，『学び合い』では，自習や部活を教科学習の場面で定常的に行っているのです。

2 「一人も見捨てない」という言葉の意味

『学び合い』では「一人も見捨てない」ことを強調しています。シンプルな言葉ですが，重層的な深い意味があります。

『学び合い』の入門者は「一人も見捨てず」という言葉が重すぎて使うことを躊躇する方がおられます。その場合「みんなが分かる」レベルで理解します。まあ，大抵の場合はそれで問題ありません。

しかし，学年が進み，今の教育の澱が溜まってくると，「そんなの無理」，「なんであいつを教えなければならないの？」と思うようになります。たしかに，子どもの中には給料をもらっている教師ですら関わりたくないと思う子はいます。そうなると「みんなが分かる」程度の理解の教師は「あの子はしょうがないよね」と思います。その思いは子ども集団に見透かされます。その結果として，「そこそこ」良いクラスレベルを超えることは出来ません。

良い集団は困難な課題を共に乗り越えたときに形成されます。だから，教師は「みんなが分かる」程度を越えることが必要なのです。

もし教師が「一人も見捨てず」にこだわれば，それは子ども集団に伝わります。しかし，子ども達がいくら頑張っても，その子が達成出来ないならば子ども達が「もう無理」と思い始めます。しかし，その原因は教師自身が「もう無理」と思っているからです。

次の段階に進むためには，教科の内容には絶対的な価値はないことを理解する必要があります。

小学校の算数の大部分を占めているのは四則演算です。しかし，四則演算にどのような意味があるでしょうか？計算が出来ないとお買い物が出来ない

と言う方がいます。本当ですか？今はバーコードで計算していますよね。売り手も買い手も計算していません。思い出して下さい。この１年間で筆算したことあります？私は少なくとも30年以上ありません。簡単な計算は電卓で計算します。３段階以上の計算の場合，表計算ソフトを立ち上げて計算します。

　小学校では書き順を学びます。あれはプリンター印刷が一般化している現代において何のために行うのでしょうか？書き順が意味を持つのは毛筆です。しかし，毛筆で書く機会は祝儀・不祝儀の芳名帳ぐらいではありませんか？つまり，自分の名前と住所で使う漢字の書き順を知っていれば十分です。

　さらに以前行った調査によれば，保護者も，さらに驚くなかれ教師自身も，学校で学んでいることはそれほど大事でないことを知っていたのです。もちろん，以上はある意味極論ではありますが，そのような理解「も」持てれば，一人も見捨てないという言葉の意味を一歩深めることが出来ます。

　もし，どうやっても全員達成が出来なければ，以下のように語ります。
　「君たちが全員達成のために一生懸命になっている姿を先生は見ている。人には得意・不得意がある。先生にも不得意がある。でもね，不得意なものがあっても幸せになれる。今日の課題が出来なくても幸せになれる。しかし，今日の課題が全員出来るようになるためにどのような行動をするかによって，君たちが将来幸せになれるかなれないかが決まります。全員達成は難しい。達成出来ないかも知れない。でも，全員達成を最後まで諦めないみんなになることは絶対に出来る。そしてね，そんな君たちだったら全員達成が出来るようになると思えるんだ」

【参考文献】
・西川純，新井郁男，熊谷光一，田部俊充，松本修（1997.8）：生涯教育から見た各科教育，学校教育研究，12，日本学校教育学会，136-147
・西川純，新井郁男，熊谷光一，田部俊充，松本修（1998.7）：生涯教育から見た各科教育（その２），学校教育研究，13，日本学校教育学会，124-136

3 子ども達の考える 「一人も見捨てない」とは

　皆さんの心の中には「全員達成」は無理という気持ちが残っているかもしれません。しかし，私は全員達成が出来ると確信しています。それは，子ども達から多くを学んだからです。数多くの経験がありますが，そのいくつかを紹介しましょう。

　私の研究室出身者が新採で5年生の担任になりました。そのクラスには1年から4年まで算数の成績が0点を連発する子どもがいました。そのクラスで『学び合い』を開始しました。色々な子がその子に教えます。でも，ダメでした。しかし，子ども達は明るく接し続けたのです。その子はいじめられてはいませんでしたが，お客様のような扱いで周りの子どもと距離感がありました。しかし，『学び合い』ではみんなが関わってくれるので，笑顔が多くなりました。

　そんなある日です。ある子が「〇〇さん，九九を覚えた方が良いよ」と言ったのです。そうしたら1週間で九九を覚えたのです。それ以降，どんどん問題が解けるようになったのです。解けるたびに，クラス全員が喜び，拍手が起こったのです。その子は普通に算数が解けるようになりました。

　おそらく1年から4年の担任は，知的障害を疑っていたと思います。しかし，実際には知的障害はありませんでした。その子に欠けていたのは，学ぼうとする気持ちです。4年間はその子にとって算数を学ぶ意味がありませんでした。テストの点数が0点でも，何ら問題ありません。ニコニコしていればよかったのです。しかし，『学び合い』を通じてクラス集団の一員になり，クラスのみんなの期待に応えたいという動機が生まれたのです。

　次の例は，実際に知的障害がある子どものいる別のクラスの事例です。理

科や社会や国語の場合，ド暗記で乗り越えられる部分はあります。そのため，このような教科では成績が上がります。

　私が実際に見たクラスには知的障害のある子どもがいました。社会科専科の先生が『学び合い』の実践者でした。1年間実践を続けた結果，全員が裏表150点満点を3回連続でたたき出したのです。凄いですよね。そのクラスの子ども達が凄かった。彼らはテストを挑戦状と言っていました。教師から最低点を言い渡されて，それを全員がクリアー（つまり全員達成）したら勝ち，クリアーできなかったら負けと考えていました。それを積み上げて，最低点80点から徐々に上げていき，最終的には満点の150点にまでなったのです。

　テスト前には円陣を組み，「絶対，クリアーするぞ」と声を合わせます。テスト中は，「絶対諦めるな」，「引っかけ問題があるぞ，注意しろ」のような声が上がるのです。完全に部活のノリです。そのようなクラスだからこそ，知的障害の子がいるクラスでも満点を連続するのです。

　しかし，算数・数学，物理，体育の場合は，能力差が決定的なので『学び合い』では乗り越えられない場合があります。このような場合には，子ども達はどのように解決したのでしょうか？

　知的障害のある子どもがいる別のクラスの話です。そのクラスでは算数の『学び合い』を実践していました。子ども達は色々とやったのですが，どうしても全員達成出来ません。あるとき子ども達が集まって相談し始めたのです。帰りの会の時に，子ども達全員が教卓の周りに集まりました。一人の子どもが以下のようなことを言いました。

　「先生の課題は○○には難しすぎる。だから，○○に合った課題を私たちがつくる。その課題が出来たら，○○は課題が出来たとして欲しい」

　担任教師は「それで全員納得しているのか？」と聞くと，全員（もちろん知的障害の子も）が強く頷いたのです。そして，それを認めたのです。

　別の例を挙げましょう。みなさんは「シンクロ体操」というものを知っておられるでしょうか？前転，後転，倒立等を全員がシンクロして見せる競技

です。「全員が参加し，楽しめて，成長するシンクロ体操をする」という課題を与えたのです。そのクラスには肢体不自由児もいたにも関わらず。子ども達はどうやったと思いますか？

　技の組み立てでは全員が議論して，試してみては，再度議論するということを繰り返しました。マットの横には肢体不自由児がいて，シンクロが乱れるとそれを指摘するのです。もちろん，技の組み立ての議論にも積極的に参加します。

　発表会の当日のことです。フィニッシュは全員が両手をＶの字の様にひろげてあげるポーズです。技はどんどん進みフィニッシュに近づきます。２人の子どもがそっとシンクロから出ます。そして，肢体不自由児の車椅子をセンターに移動しました。フィニッシュでは，２人の子どもが肢体不自由児の左右の手をそれぞれ持ち上げ，全員でキメました。凄いと思いませんか？

　『学び合い』は面白い授業，分かりやすい授業の上を狙っていると，子ども達は理解しています。もし，算数が出来れば偉い，体育が出来れば偉いというような教科内容達成を最上位に理解している子ども達だったら，知的障害の子や肢体不自由児の子どもと一緒に課題解決出来ません。算数や体育は『学び合い』で達成したいもののツールに過ぎないと子ども達は理解しているからこそ，自由に課題を設定できると発想できるのです。

　６年生の課題を解いている健常児と１年生の課題を解いている６年生の障害児が一緒に『学び合い』をしようとすると，「可哀想」という声が起こる場合があります。しかし，そのような教師によって，算数や体育が不得意な子は可哀想と思うような子ども集団が生まれ，当事者も自分が可哀想だと思ってしまいます。だから，極論だということを理解した上で，教科内容を学ぶことは絶対的ではないことを教師は理解すべきです。６年生の中で１年生の課題を解いていたとしても，それを気にしない教師の姿で手本を見せるべきです。

　さて，もう一段階上があります。ただ，誤解が生じるため，初心者にはあまり話さないことです。

サイコパス，ソシオパスの子どもがクラスにいる可能性もあります。この子と関われば問題が多く，子ども達の負担が大きいのです。

　西川研究室にサイコパスの特徴を示すゼミ生が入りました。愛着障害もあるようで，私にべったりと懐いているのです。研究室内外で問題を起こし，それをゼミ生達が後始末をすることを繰り返します。あまりにも酷かったので，その子に研究室異動を勧告しました。しかし，私にべったり懐いているその子は泣いて嫌がります。それを繰り返して，最後に伝家の宝刀で勧告ではなく命令しようとするとゼミ生全員が反対したのです。

　「西川研究室は『学び合い』の研究室だ，我々で何とかする」と懇願するのです。最初の方で紹介した本の中に『静かに！を言わない授業』（東洋館）を紹介しましたが，ゼミ生は皆その本を読んでいます。そこには，排斥することによって問題を解決しようとすると，集団が崩壊する事例を詳細に分析しています。問題のある子を排斥している姿を中間層が見ていて，次は自分が排斥の対象になると疑心暗鬼が生じるためです。

　それを知っているゼミ生は，排斥すれば研究室が崩壊すると恐れたのです。「１人見捨てるクラスは２人目を見捨てる，２人見捨てるクラスは３人目を見捨てる。４人目は君かも知れない」という状態を恐れたのです。

　私は研究室の管理者として決断し，命令しました。

　私も研究室の崩壊を恐れましたが，崩壊は起こりませんでした。考えてみれば当然です。研究室全員で見捨てないためにありとあらゆる事をしている姿を互いに見ているのですから。

　誤解を恐れずに言えば，見捨てることもアリ，なのです。ただし，慌てて付け加えます。約40年の私の教師人生で，そのような例は１人だけです。その当時の西川研究室は10人程度でした。だから，一人一人の負担が大きかった。もし，現在のように30人程度の規模があれば，何とか乗り越えられたと思います。従って，見捨てることは，もの凄いレアケースでしょう。

　関係を０にするのはアウトですが，関係を１にするのか10にするのかは一人一人が判断すれば良いのです。

4 熱き心と冷静な頭脳

　子ども達に「一人も見捨てるな」と求める一方，私は子ども個人に対してはドライに考えるようにしています。

　高校教師になって，特に担任を持って，赤の他人の子どもがこれほど可愛いことを知りました。小さい子どもと関わることが苦手だった私がそうなることに自分自身がビックリしました。

　猫可愛がりをしました。若い私はハグや「高い高い」をしまくりました。男子生徒に対しては，べろべろとほっぺをなめ回しました（今考えるとクレージーですね）。生徒は「きったね〜」と言うのですが，舐められることを分かっていて私に抱きついてきます。純粋に楽しかった。

　一方，私の勤務する学校の子ども達は家庭に問題を抱えている子ども達が多かったです。懐いてくると，それを私に訴えてくるのです。ある女の子が，母親が男を連れ込んで，自分の横で性行為をしていることを話しました。私はどう反応して良いか分かりませんでした。先輩教師に相談すると，「純ちゃん，教師は家庭の中の問題に入ってはいけない，授業で勝負するんだ」と諭されました。そして，その一線を越えてしまった教師の末路を様々に聞かされました。テレビの教師ドラマでは一話完結で問題は解決しますが，現実は違います。

　より一層，分かりやすい授業，楽しい授業にのめり込みました。その結果，学力的には最底辺の学校ですが，担当の物理の授業に子ども達が集中するようになると，「やった」とガッツポーズです。

担任クラスの子どもを完全に捉えています。先輩教師から「純ちゃんは学級経営が上手いね」と褒められると，謙遜しますが，心の中では鼻高々です。

しかし，それでは子どもは救えません。どんどんとドロップアウトしていくのです。高校の担任の業は退学手続きです。退学しても良いことはありません。夏休み前に退学した元生徒に町でバッタリ会いました。前と同じように私に抱きついて，自分がヤクザのパシリになったことを自慢げに話すのです。私は何も言えませんでした。私が退学の手続きをしたのですから。

子ども達の家庭の中にはヤクザ関係の家庭もいます。退学に際してもめては大変です。だから，家庭の方から退学を申し入れる形にする必要があります。どうすれば良いかは先輩教師から教えてもらいました。

夜の定時制ですので夜10時ぐらいに授業が終わります。そして，事務室に行って，退学させる子どもの家に電話をかけるのです。そして家の人に，その子が学校でいかに可愛いかを10分程度話して切ります。否定的なことは一切言いません。しかし，その子がどんな子なのかは，親は分かっているのです。早くて2週間，遅くても4週間程度で，家庭の方から「これ以上，先生にご迷惑はかけられません」と涙ながらに訴える電話が来ます。その日の夜に退学の手続きをします。

数時間前には，その子をハグし，「高い高い」をしていた私が，その子が奈落に落ちる退学へ誘う作業を淡々とするのです。

気が変になります。

だから，毎日毎日，1升以上の酒を飲み続けたのです。そして「俺はやるだけのことはやった」と自己憐憫に浸るのです。起きると学校に直行し，午前中から授業準備です。つまり，自宅で酒を飲む時間と眠る時間以外は，常に学校にいました（その結果，下宿の電気料金はほぼ基本料金でした）。子ども達が登校するとハッピーになります。しかし，夜になると事務室で退学

予定の子の家に電話をして…。これを繰り返していました。

　自分では気づかなかったのですが，病んでいたと思います。私を可愛がってくれた教頭先生からは，「純ちゃんには嫁さんを紹介しないよ。長生きしそうもないから」と言われました。大学への異動の話があったとき，悩みました。退学手続きは辛いですが，子どもは可愛いし，授業は楽しかった。そこで，私を特に可愛がってくれた5人の先輩教師に相談しました。ところが5人が5人とも大学に異動することを薦めたのです。その理由も似たものでした。「このまま教師でいたら，君は早死にするか，もの凄く嫌らしい教師になりそう」という理由です。その5人の先生方は，私の授業やクラス経営を高く評価していたのにです。ビックリしました。
　最終的に大学に異動しました。私なりに高校教師をやりきったと思いました。3年後に，1年生で担任した子ども達の卒業式に呼ばれました。（定時制高校は4年間で卒業です）。私の学年は2クラスでした。もう一方のクラスはお世辞にもクラス経営が上手くいっているようには見えませんでした。

　その学校ではクラスは4年間持ち上がりです。私の担任していたクラスで残っていたのは3人だけでした。一方，他方のクラスはほとんどが残っていたのです。愕然としました。私の後の担任を引き継いだ先生は私の尊敬する優れた先生です。話しを聞くと，私が大学に異動した直後からどんどん退学者が増えたそうです。私のクラス経営は，私が中心となって全てを仕切っていて成り立ったクラスです。私がいなくなったとたんに崩壊したのです。つまり，褒められるようなクラス経営をした私の責任です。

　私への相談者から最も多い質問のタイプは「私のクラスに○○という子がいて……以降，その子がいかに大変な子であるかを訴える……どうしたらいいか」という質問です。
　私は以下のように応えます。

「教師には，「その子」，「その事」を解決する能力はありません。解決出来るならば，とっくのとうに解決しているはずです。そして，解決しようとしてはいけないのです。教師の仕事は，「その子」，「その事」を自己解決出来る有機的な集団を形成することです。それが形成出来れば，あなたが気づいていない別の子，別の事の問題を，あなたが気づかないうちに解決します。このような集団を形成するためには，「その子」，「その事」に囚われてはいけません。」

　多くの教師は子ども一人一人に寄り添って，その問題を解決すべきだと考えています。しかし，それは無理です。愛し合って30年以上連れ添っている家内ですら，謎な部分があるのですから。赤の他人で，年齢が数十年離れて，関わる時間は数年以下の子ども数十人を理解することは不可能です。これは絶対的です。もし，「その子」，「その事」を深く知れば，何とかしたいと悩みます。しかし，そのような個にこだわれば全体を見ることが出来なくなるのです。だから，「その子」，「その事」を知らないように努力し，自身で解決しようとする気持ちを封印しなければなりません。

　これは「冷たい」と思われるでしょう。しかし，熱き心に翻弄された結果を私は知っています。その先には子ども達の幸せはなく，教師の自己憐憫しかないのです。

　では，本当に熱き心を失わせるべきなのか？否です。そのような教師は子どもを動かすことは出来ません。熱き心を失わず，知っていても，それをコントロールするための理論が必要なのです。

　ウォームハート，クールブレイン。

　知っているのに，知らぬふり。なかなか辛いです。

　そして，ダメなときはスッパリと結果を受け入れます。もし，皆さんが子どもを救うために1分間空中浮揚する必要があり，それが出来ないために救えなかったとき引きずりますか？無理なことは無理です。そんなことを引きずるより，集団形成に注力すべきです。

5 なぜ，勉強が分かるのか

　『学び合い』によって成績は爆上げすることが出来ます。今まで従来型授業で成績向上に苦労していた先生方には信じられません。自分があれだけ苦労しても上げられない成績を，何にもしない（とその人達は見ています）のに上がることが信じられません。

　『学び合い』によって成績が爆上がりする理由は大きく２つあります。

　第一に，本人が成績を上げたいと願うからです。本人が願わなければ，どんな教材も，どんな授業も無意味です。逆に，本人が願えば凡庸な教材でも，凡庸な授業でも効果があります。多くの教師が，そこがすっぽり抜けています。おそらく歴代の担任が「勉強しなさい」と言い続けたと思います。しかし，変わらなかった。だったら仲間から「勉強しようよ」と言われる方が，可能性が高いと思いませんか？

　古くから知られている経済法則に「パレートの法則」というのがあります。別名，「ニッパチ理論」です。生産の８割は２割の人が生み出すという法則です。多くの経済場面で知られています。これは教育においても成り立ちます。

　教師にとってクラスの成績の心配の８割は，２割の子どもに起因します。思い起こして下さい。その子にもう一度「勉強しなさい」と言って効果がありますか？『学び合い』ならば，テストの点数を上げることに意味を見いだせなくても，みんなの期待に応えたいという意味を持てます。

　成績が爆上がりする理由の第二は，適切なアドバイスを適切なタイミングでもらえるからです。

分からない子にいくら説明しても分からないのに，隣にいた子どもが自分と同じ説明をしたら分かったという経験はありませんか？同じ説明なのに，自分の説明では分からず，子どもの説明では分かるのは謎ですよね。理由は，同じ説明ではないのです。

　認知心理学のエキスパート・ノービス研究によれば，人は熟達すればするほど，自分の課題達成が早く，正確になります。ところが，分からない人を理解出来なくなり，その人に説明出来なくなるのです。「専門家の話は分からない」と言われるのはそこにあります。だから，あなたの悩みの種の子どもにとっては，あなたの説明はチンプンカンプンなのです。

　理科実験を始める前に，教卓に子ども達を集め，注意点を説明します。ところが，実験を開始してから，その事を聞きに来る子どもはいますよね。その子は，教卓での事前の説明を聞いていなかったのです。これは，我々も同じです。職員会議で体育祭の説明をしている担当者の話をボーッと聞き流し，体育祭の前日に担当者に聞き直すことがありませんか？

　我々は，「知りたい」という時に，情報の吸収量が高まるのです。当然ですね。ところが従来型授業では，全員に一律に説明することになります。おそらく，成績上位者（つまり，既に塾・予備校で学習済み）の子ども以外は，他人事として聞き流しています。

　『学び合い』では，「知りたい」と思ったときに聞けるのです。そして，分かる説明をしてくれる人を選択できるので，相対的に理解が深まります。さらに言えば，その説明が分からなかったら聞き返すことが出来ます。つまり，対話が出来るのです。

　こう考えてみれば，『学び合い』で成績が爆上がりするのは，当然のことです。

　なぜ，成績が爆上がり出来るかを知りたければ，『簡単で確実に伸びる学力向上テクニック入門』（明治図書）をお読み下さい。これを読めば，成績を爆上げ出来る理由が分かります。

6 なぜ，人間関係が向上するのか

『学び合い』では，損得で説明します。例えば，他人を助けるのは正しいからではなく，それが得だからと説明します。つまり徳ではなく，得で説明するのです。

徳でやっていることを継続的に続けられる人はごく一部です。凡人が継続的に続けられるとしたら，それは得だからです。だから，『学び合い』では損得で説明することを大事にします。ちなみに『利己的なサル，他人を思いやるサル』（草思社）や『道徳性の起源』（紀伊國屋書店）などを読めば，得を長い時間かけて洗練したのが徳であることが分かります。

「『学び合い』では成績下位層には得だけど，上位層は時間を取られ損」と考える方がいます。もし，それが本当だったら『学び合い』は初手から成り立ちません。まあ，教師が強力に主導しても３ヶ月が限界です。ところが，多くの実践で『学び合い』は成立しています。理由は成績上位層にとっても得だからです。

知識の伝達だけで損得勘定をすれば理解不能でしょう。しかし，子ども達は多様な面で損得勘定をします。例えば，教えれば「ありがとう」と言われます。そして，クラス集団の中での立場が上がります。さらに，本当の成績上位者は，人に説明したがその人から「分からない」と言われて対話を続けると，より深い理解に至ることを経験します。

このような積み上げで子ども達は仲良くなります。初期は良好な関係は授

業場面に限られますが，やがて，遊びの場面にも広がります。しかし，『学び合い』では，仲良くなれとは絶対に言いません。自分自身だって出来ないことです。人には相性があります。例えば，職員室には相性の悪い人がいるでしょう。その理由が分かる場合もありますが，その理由が分からない場合もあります。そうなると改善の方法はありません。

だから，積極的にその人と関わることを求めません。全体として繋がっていれば良いのです。例えばあなたと相性の悪いＡさんがいたとします。あなたと繋がっているＢさんがＡさんと繋がっていれば，あなたは間接的にＡさんと繋がっているのです。その他の人も１関わるか，10関わるか，100関わるかは自由です。そして，その場，その場で程度を変えることが出来ます。

つまり，『学び合い』で目指している集団とは，自己実現が出来て，居心地が良い職員室なのです。

共通する課題を乗り越えた時に良好な関係が構築されます。その課題が困難であればあるほど良いのです。

全員60点より，全員70点。そして，全員80点，全員90点，全員100点と困難になればなるほど集団の質が高くなります。社会科専科のクラスの事例を先に紹介しましたが，達成する点数が高まると，困難度は急激に高まります。全員満点はある意味，神の領域です。

「常に全員達成出来ない」と悩む方がいます。しかし，頻繁に全員達成していたとしたら，それは課題のレベルを誤っているのです。オリンピックの金メダルが，世界大会の金メダルより高く評価されるのはなぜだと思いますか？それは４年に１回だからです。オリンピックが毎年開催されたら，世界大会と同じになります。

『学び合い』は課題としている教科の理解が最終目標ではありません。それは，生涯の幸せという最終目標への通過点であり，それを成立させるためのツールに過ぎません。

7 なぜ，今の授業は『学び合い』で行われていないのか

『学び合い』によって，勉強が分かって，人間関係が向上することが分かったとして，次に疑問を持つのは，「じゃあ，なぜ，今の授業は『学び合い』ではないの？」と言うことが疑問になるはずです。

我々が『学び合い』と呼ぶアクティブ・ラーニングは，言語という高度なコミュニケーション手段を持った群れる生物が，数百万年の生存競争の中で洗練したものです。意外かもしれませんが，人類の歴史の中で従来型授業が制度化したのは，近代学校制度が成立した二百年弱だけです。それ以外の数百万年は『学び合い』で人類は過ごしていました。人類の歴史の中で一斉指導が成立したのも必然がありました。そしてそれが廃れていくのにも必然があると考えています。

ほ乳類は一般的に，本能の他に学習によって生きる術を獲得しています。猿人の時代から，人類は学習に依存する割合の高い生物です。その学習は組織的なものではなく，血縁者を中心とした小さいコミュニティの中で，仕事に参加しながら学んでいました。それらは中世では「徒弟制度」と言われました。ところが近世になるに従って身分制度が崩壊します。農夫の子は農夫になるとは限らず，商人の子は商人になるとは限らなくなりました。米を作る農夫になるための知識・技能，織物商人になるための知識・技能は限られています。だから徒弟制度によって伝えられます。しかし，あらゆる職業になるための大人を育てるには，あらゆる職業に必要となる知識・技能を教え，学ばせなければなりません。そして，それらの共通の知識・技能を抽出すれば，個々の具体的な仕事・作業から離れていきます。近代公教育はその時代に生まれました。その結果として成立したのは，職場とは別個の組織的な学

習の場である学校です。

　学校で教える知識・技能を持っている人は，高学歴の一部の人だけです。つまり，教師からしか知識・技能を得ることはできません。一人の教師を雇うには予算がかかります。義務教育制度を維持することと，予算とのかねあいがあります。一人の教師が数十人の子どもを教えるとしたら，一斉指導しか方法が無かったのです。

　板書というのも，書籍が高かったことからの便法なのです。当時の本は高価でした。コピー機もありません。かつて緒方洪庵の適々斎塾では一冊の辞書である「ズーフ・ハルマ（蘭和辞典）」を，「ズーフ部屋」と言われる部屋で3，4人が写して利用していました。当時は，それしか方法が無かったのです。しかし，数十人の子どもに一斉に授業する形態では，そのような写本は出来ません。そのため，教師が教師用図書を持ち，板書します。子どもはそれを手で写すのです。簡単に言えば，写経，写本のようなものです。板書は高邁な教育理論や理念によって成立した教育法ではありません。現在，板書に語られる意義は，成立の経緯を忘れた人の後付けの理屈だと思います。

　つまり，教師の発問や板書が中心となる現在の授業は，明治当初の異常な状態に対応するための，異常な教育なのです。それは人類の数百万年を超える歴史の中で二百年弱しか無かったものです。そして，現在においても学校以外の教育の場（例えば職場）では『学び合い』で行われています。そして，学校においても部活指導は『学び合い』で行われています。少なくとも，安易にメンバーを切り捨てない職場や部活で，一定以上の成績を上げている職場や部活は『学び合い』で行われています。

　追伸　上司と部下との関係が，職場のパフォーマンスに関わる実証的データを知りたいならば，リッカートの『組織の行動科学』と『経営の行動科学』（いずれもダイヤモンド社）がお勧めです。

8 なぜ,『学び合い』が広がったのか

物質も社会も,それが巨大になると巨大な慣性を持つようになります。つまり,変わらなくなります。異常な環境だから生じた従来型授業ですが,それを膨大な子どもと教師が百年以上続ければ,理由無く「そういうものだ」と思い込んでしまいます。

例えば,小学校1年生は文字を書くのは遅いですよね。板書したものをノートに写すのに時間がかかります。最も遅い子に合わせるので,授業時間のほとんどがノートに写す時間になっています。冷静に考えれば,ある程度の部分を印刷し,子どもが書き込める余白を設けたプリントを印刷して配布した方が,考える時間は増えますよね。なぜ,そうしないのでしょうか?板書を写すということ自体に価値があると思っているからです。

では,なぜ『学び合い』が広がったのでしょうか?

それは,日本が民主国家として成熟した結果だと思います。

従来型授業は成績中位,もしくは中の下に合わせた授業です。これはどの学校段階,教科でも同じです。上位に合わせれば,大部分の子どもはチンプンカンプンで,下位に合わせれば,大部分の子どもが退屈してしまいます。その結果,ボリュームゾーンの中位に合わせています。しかし,上位の子どもは退屈で,下位の子どもはチンプンカンプンです。

昔の子どもや保護者は,そういうものだと納得していました。上位の子どもと保護者は,その面では学校に期待せず,塾・予備校に期待します。下位の子どもは,自分の子どもが勉強しないためだと諦めていました。

ところが,民主化して権利意識を高めた下位の保護者は,「先生の授業が分からないと言っています」と訴えるようになります。上位の保護者は「学

校の勉強はレベルが低すぎて，子どもには勉強にならない」と言うようになります。しかし，一人の教師が数十人の子どもを教える従来型授業では対応が不可能になります。

　二十年弱前から，学校として『学び合い』を取り入れる学校が生まれ始めました。それらの多くはかなり荒れた学校です。ある有名な温泉地の学校からオファーが来たのですが，その学校もそのような状態の学校でした。「ありとあらゆる事をやったがダメだった。最後に『学び合い』にたどり着いた」と言われました。

　従来型授業の限界は，先に紹介した学力面に限られていません。「職員室の教育力の低下」，「ブラック勤務」，「教員志望者の減少」，「心の病での休職者の増加」，「全日制の一条校を捨ててフリースクールや，広域通信制に逃げる子どもの増加」，数え上げたらキリがありません。今の教育は制度疲労が限界に来ています。『学び合い』の実践者の方に申します。『学び合い』以外に選択肢はありますか？

　私にとっては笑い話があります。ある『学び合い』の実践者が勤務校の校長から言われたことを教えてもらいました。その勤務校の校長は『学び合い』の実践者ではありませんが，それもアリだと積極的に容認していました。その校長は「〇〇さん，理屈は分かったけど，そんなに良いものだったら，なんで広がらないの？」と言ったそうです。『学び合い』の実践者は返答に困ったそうです。私は大爆笑して以下のように言いました。

　「不遜な物言いかも知れないけど，明治以降の近代教育において，一つの教育理論，一つの実践方法で，小学校，中学校，高等学校，大学，そして，様々な教科で全国的に広がったものって『学び合い』以外にあった？無いよね。従来型授業だってハッキリした教育理論や，実践方法ってある？無いよね。日本で一番小さい国立大学の一教師が始めたことが，そうなったんだよ。広がっていないの？」

まとめ

　『学び合い』は非常に完成された教育実践です。それは多くの人達の学術データと実践データに基づいています。そのため，再現性は高いのです。ところが，その実践に失敗する方もおられます。

　その最大の原因は，「本当はやりたくない」からです。学校で取り組んでいるために，嫌々取り組む人です。『学び合い』は心で子どもを動かす教育実践です。心が伴わなければ，絶対に失敗します。仕掛け勝負の米村でんじろうさんのサイエンスショーとは違います。

　しかし，「実践したい」と思っているのに失敗する方もおられます。その大きな原因は，『学び合い』の前提としているものが，今までの教育実践と全く異なるからです。その結果として，今までは「すべき」ということを，『学び合い』では「すべきでない」と考えます。逆に，今までは「すべきでない」ということを，『学び合い』では「すべき」と考えます。

　何事も最初は先人の言われるとおりのことをすることが必要です。それができず初期の段階から「でも…」と言う方は学び取ることは出来ません。しかし，「とにかく何も考えず本の通りにしろ」では納得できないというのも仕方のないことです。

　一般の読者層は「結局，どうすればいいの」という最終結論を知りたがります。そのため，一般のノウハウ本では，「どうすればいいか」を中心として，そのベースとなる前提を割愛してしまいがちです。次章では，「するべき／するべきでない」と『学び合い』が判断する際の，ベースとなっている前提を説明したいと思います。

2 授業レベルの『学び合い』でつまずくポイント

はじめに

　『学び合い』実践のノウハウには，全て学術データの裏打ちがあります。そのために，「根拠俺」の教育実践とは異なり再現性が高いのです。

　ただし，再現性が高いのは「本の通り」やった時です。授業レベルの『学び合い』実践で相談を受ける場合，「それってやっちゃ駄目と本で書いているじゃない」，逆に言えば「それを必ずやってと本に書いているじゃない」と言いたくなることばかりです。

　人は既存の概念で新たな概念を理解します。そのために，「やっちゃ駄目」，「必ずやって」と本で書いていても，「まあ，この程度だったらいいよね」と読み飛ばしてしまうのです。「やる／やらない」のポイントがどれほど重要かは分かりにくいものです。

　人類の歴史において最も人を殺した病気はマラリアだそうです。その特効薬はキニーネです。この発見の過程が面白いと思います。マラリアの薬を民間療法から捜した医者が，あるシャーマンの薬が有効であることを発見しました。その医者はその薬の原材料の一つ一つの有効性を試したそうです。その結果，その薬の原材料の数十種のうちで，有効だったのはキナの樹皮であり，その成分がキニーネだったそうです。つまり，その他の数十種の原材料は無意味でした。最終的に有効だったので，歴代のシャーマンは残りの数十種の原料も有効だと誤解し続けたのだと思います。

　「根拠俺」の教育実践の場合，その実践者が大事だと思っていることは重要ではなく，その実践者が軽く見ているところが重要な場合があります。こ

のような場合は，前者のことを強調し，後者を省略して伝えます。その結果，その実践者では有効だが，他の教師では有効でないという結果になります。

　不遜ながら申します。過去の教育実践の中で，実証的データによる学術研究に裏打ちされた，全国レベルで広がった教育実践は『学び合い』が唯一だと思います。

　さらにありとあらゆる面で，一つの理論と実践論による入門書が揃っている教育実践は『学び合い』が唯一だと思います。

　そのため，日本で一番小さい大学の一教師が始めたことが全国に広がりました。理由は，本の通りにやれば，本の通りになるからです。

　本章では，授業レベルの『学び合い』の実践者がつまづく代表的な事例を紹介したいと思います。

1 集団の構造

　生物の特性は正規分布しています。その結果，その特性の特に強い個体，特に弱い個体は数が限られています。そして，真ん中当たりの個体が最も多い。この特性に目を向けたロジャーズの普及化理論，ムーアのキャズム理論では，新たな製品・サービスにどう向き合うか３タイプがいることを明らかにしています。

　第一は，イノベーター，アーリーアダプターと呼ばれる人たちで，いち早く新たな製品・サービスを利用する人たちです。それらを取り入れることによって多くのものを得たいと願い，それを取り入れるには失敗も苦労もあることを理解し乗り越える人たちです。２割弱います。

　第二は，マジョリティと呼ばれる人たちで，その製品・サービスが一般化した後に取り入れる人たちです。第一のタイプの人たちと違い，多くを望みません。そして，苦労・失敗を嫌います。だからこそ，一般化した後に取り入れるのです。６割強います。

　第三は，ラガートと呼ばれる人たちです。最後まで新たな製品・サービスを利用しない人です。現在も，スマホではなく，ガラケーを使い，そもそも携帯電話を持たない人はいますよね。あの方々です。２割弱います。

　これを理解すれば，「なぜ，教師の願いは正確に伝わるのか？」，「なぜ，普通の教師でも集団を動かせるのか？」を理解できます。

　理由は，教師が動かせるのは２割弱のイノベーター，アーリーアダプターの子ども達のみだからです。教師は８割強を占めるマジョリティ及びラガートの子ども達を動かすことは出来ないのです。神の如き教師でも全員は動か

せません。それが出来たら，それは宗教かファシズムです。億を稼ぐ，ビートたけし，明石家さんま，所ジョージですら嫌う人はいます。

　多くの教師は「そんなこと子どもには無理」と思い，全部自分で仕切ろうとします。その方々は，マジョリティやラガートの子どもを思い浮かべて「無理」と予想します。その通りです。マジョリティやラガートの子どもは「無理」でしょう。

　しかし，イノベーター・アーリーアダプターの子どもだったら出来ます。その子達が，教師が動かせないマジョリティの子どもを動かします。そして，８割強のイノベーター・アーリーアダプター・マジョリティがラガートを動かすのです。

　この集団の構造を本当に理解せず，『学び合い』のテクニックを駆使して『学び合い』を実践していると，どこかの段階で「さすがにそれは無理」と思い始め，それ以上に進めなくなります。

　そういうときは，上記を思い出して下さい。クラスの２割弱の子どもを思い描いて下さい。その子達に，適切な情報と手段を与えて無理でしょうか？少なくとも学習指導要領の範囲内ならば，100％可能です。

　凡庸な教師はただしゃべる。
　よい教師は説明する。
　すぐれた教師は自らやってみせる。
　そして，偉大な教師は心に火をつける。

　これはウィリアム・アーサー・ウォードの有名な言葉です。私はこれに一行加えたい。
　凡庸な教師も，「仲間の心に火を付けることが自分にとって得である」ことを子ども達に語れば偉大な教師になることが出来る。
　この集団の構造は，以降を理解するときに重要です。

2 『学び合い』の学力観と特徴は何か？

　多くの教師の学力観は，一人一人の子どもの頭の中に知識・技能を注ぎ込むイメージを持っています。三十台のパソコンに，同一のソフトをインストールすることに例えられます。これは不可能です。一つ一つのパソコンのスペックが違います。OSが違います。

　後述しますが，今の社会は「みんな同じ」に囚われています。子ども全員に学習指導要領に定められた知識・技能を獲得させようとしているのです。しかし，それは上記の通りに無理なのです。実は無理だとわかっているのですが，それを放棄することはできません。囚われているからです。

　しかし，『学び合い』はその囚われを放棄することができます。なぜなら全く異なった学力観にたっているからです。

　先に述べたように，多様なスペック・OSのコンピュータに同一のソフトをインストールすることは不可能です。しかし，データのやりとりの仕方を統一し，ネットワークで全てのパソコンを繋げば，他のパソコンにある知識・技能を利用することが出来ます。即ち，個々の知識・技能は個人の頭の中にあるのではなく，集団の中にあるのです。

　経営学にはトランザクティブメモリーという考えがあります。これは組織の中の誰が，どんなことが得意かという知識です。これが共有されている組織のパフォーマンスは高いことが知られています。

　『学び合い』では個人ではなく集団を単位とします。全員が知識・技能を獲得しなくても，それを獲得している人とつながっていればいいと考えるのです。

　それでいいのか？と問われたなら，「じゃあ，全ての子どもに知識・技能

を伝えられるのですか？」と私は逆に問いたいです。

　しかし，受験では他者の手助けを得られないという方もおられます。その方に問いたいです。

　受験を勝ち残って得られる結果は子ども達の幸せを保証しているのでしょうか？時代が変わっていることを知らないのでしょうか？例えば，中途半端な普通科高校に進学するより，相対的に偏差値の低い職業科高校に進学したほうがいい。いや，中途半端な非ジョブ型大学（学部で学ぶことが卒業後の仕事に直結していない大学）に進学するより，職業科高校に進学するほうがいい。そんな時代になっているのです。

　残念ながら，「中卒より高卒，高卒より大卒。同じ高校，大学であるならば，偏差値の高いほうがいい」という極めて単純な学歴モデルは崩壊しています。少なくとも，偏差値65以下の高校・大学ではそうです。つまり大多数の子どもにとって崩壊しています。

　多くの小学校の先生は小学生を中学生にすることが仕事と思っています。中学校の先生は中学生を高校生にすることが仕事と思っています。高校の先生は過半数の生徒に対しては，大学生にすることが仕事と思っています。だから，受験対策が大事だと思っています。しかし，一生懸命に与えた知識・技能は，もし，その子が就職する以降のことを考えたとき，価値があまりないのです。

　『学び合い』では，個人単位ではなく集団単位で学力を捉えられるのは，面白い授業，分かりやすい授業を目指すのではなく，生涯レベルの子どもの幸せを目指すと捉えているからです。残念ながら面白い授業・分かりやすい授業レベルでとらえている『学び合い』の実践者にとって私の言っていることは極論のように捉えられるでしょう。しかし，客観的数値データに基づいて申しています。是非，「学歴の経済学」（学陽書房）をお読み下さい。

3 どのように語ったらよいのか

　ゼミ生がゼミ生控え室にある自分の机でウンウン悩んでいました。何に悩んでいるかを聞くと，「明日授業するクラスは大変だが絶対成功させたい，だからどのように語れば良いのか悩んでいる」と言うのです。私は大爆笑して以下のように語りました。

　「お前がどんな素晴らしい語りをしても大多数の子どもは理解できないし，なによりも理解しようとしない。お前がどんな下手くそな語りをしても，イノベーター・アーリーアダプターは理解できる。お前が伝えられない大多数の子ども達は，イノベーター・アーリーアダプターの子どもが伝えてくれる。つまり，どう喋るかなんて，どうでもいい。大事なことは二つだ。

　第一に，イノベーター・アーリーアダプターの子どもに正確に課題の内容が伝わることだ。彼らの多くは塾・予備校・通信教材で学習済みだから，まあ普通の課題の場合は苦労しない。ただ，ひねりを入れたときに注意をする。

　第二は，お前の願っていることがどれだけ本気かを問い直しなさい。単に，その課題が出来るかどうかのレベルではなく，子ども達の生涯の幸せを本気で願っているかを問い直しなさい。

　普段は悪戯好きの気のいいオッサンの私が，一度真面目モードで語り始めると，その圧は半端ないのは分かっているよね。なぜ，あの圧が生じるか分かるか？私は自分で語っていることを本気で願っているし信じている。ホモ・サピエンスはコミュニケーションによって生き残った生物だ。当然，どのように表現すれば良いかを知っている。同時に，語る本人が意識できず，コントロール出来ない微表情等の情報を正しく分析する能力を持っている。

イノベーター・アーリーアダプターの子どもはそれを読み取る能力は高い。その子達が互いの情報を参照するのだから，正確度は高まる。何を語るかではなく，自分の心を問い直しなさい。それが本気であると確信するならば，イノベーター・アーリーアダプターの子ども達を信じなさい。お前よりも有能だよ。あはははは」

　私の好きな言葉に，リンカーンの「多数の人を少しの間騙すことはできる。少数の人を長い間騙すこともできる。しかし，多数の人を長い間騙すことはできない。」という言葉があります。

　多数の人がいれば，その中には人の腹を読み取ることに長けた人が必ず含まれます。その人達が長期にわたって情報収集するのですから騙せないのです。従って，心が定まっているならば，安心すれば良いのです。

　私は「一人も見捨てるな」という言葉を書籍において使います。私は見捨てられた子どもが，どのような奈落に落ちていくのかを見続けた。いや，私自身が奈落に突き落としたことを自覚しています。この慚愧の思いは四十年たっても逃れられません。今でも，昔の教え子が夢に出るのです。みんなニコニコと私を見ています。その子達に「すみません，ごめんなさい」と謝るのです。そして泣きながら目を覚ます。そんな私ですから「一人も見捨てるな」という言葉を使っています。

　しかし，この言葉がきつすぎて使うことをためらっている教師はいます。「みんなが出来る」，「誰一人取り残されない」等の表現を使われる方もいます。私の前ではそれを気にして謝る方さえいます。『学び合い』の会の発表者中には「西川先生には違うと言われるかもしれませんが…」という前振りをされる方がいて，恐縮してしまいます。

　しかし，私にとって表現はどうでもいいのです。大事なのは，心の中で願っていること，信じていることなのです。

4 上手くいかない時には どうすればよいのか

　『学び合い』を実践していると，いままで順調だったのに，急にぐだぐだになることがあります。焦って色々な手立てを講じます。

　最悪なのは，以前，従来型授業を実践したときに有効だったテクニックを併用することです。一見するとクラスが持ち直したように見えます。

　ところが従来型授業と『学び合い』の授業は，根本のところで全く異なります。従来型授業は「子どもは出来ない」という前提で組み立てられているのです。このようなテクニックを併用すると，実践者の心も「子どもは出来ない」という前提に立つようになります。そうすれば早晩，『学び合い』風の従来型授業になってしまいます。

　判別する方法は簡単です。シンプルな『学び合い』に加えたものは，子どもを信じたから加えたのか，子どもを信じ切れないから加えたのか。本来，子どもを信じている『学び合い』は，どんどんシンプルになります。最終的には授業レベルの『学び合い』のテクニックを捨てた，生き方レベルの『学び合い』になるのです。

　では，急にぐだぐだになったとき，どうすれば良いのでしょうか？

　子ども達の動きを見て下さい。ただし，今まで集団をリードしていたイノベーター・アーリーアダプターの子ども達を見て下さい。結局，『学び合い』の質とレベルを定めているのは，その子達なのですから。他の子どもの動きは見ても無駄です。

　改めてイノベーター・アーリーアダプターの子どもの様子を見て下さい。おそらく周りの子どもをサポートしている姿が見えます。しかし，ちょっと見続けると，その子達が最初から最後まで同じ場所に居続けて，周りの数人

の子どものサポートに徹していることが分かるでしょう。そこからちょっと離れたところに学習を放棄している子どもがいたとしても，何もしません。その子が遊んでいることは近くにいるイノベーター・アーリーアダプターの子どもは気づいているはずです。つまり，手を抜いているのです。

　イノベーター・アーリーアダプターの子どもが手を抜いている理由は，たった一つしかありえません。それは授業者が手を抜いているからです。つまり原因は授業者自身なのです。ところが手を抜いている授業者は，自分の心を問い直しません。そして，安易に従来型授業のテクニックに走ってしまうのです。

　分かりやすい例を一つあげましょう。いつもより数段レベルが高い課題を与えたとします。クラスの3割が達成できるレベルだと教師は予想しました。教師は全員達成は出来なくてもいい，難しくても諦めない姿が出ればいいと考えたのです。ところが，意外にも子ども達が大活躍し，一人以外は達成したとします。子ども達の頑張りに感激して「今日はみんな出来たね」と言ったとします。悪気はありません。褒めてあげたいという気持ちからです。

　しかし，イノベーター・アーリーアダプターの子ども達は「え？」と思います。全員達成を目指して，あと一歩及ばなかったことを悔しく思っているのですから当然です。そして，「全員達成を目指すって，そんな程度だったんだ」と見透かしてしまうのです。

　本書の最初に，『学び合い』を実践するとき，必ず読むべき本をいくつか紹介しました。その一つに「『学び合い』を成功させる教師の言葉がけ（東洋館）」があります。その本では，『学び合い』を実践していると現れる子どもの望ましくない言動を紹介しています。そして，それぞれにおいてどのように言葉がけをしたらいいかを書いてあります。その本の見た目は言葉がけのノウハウ本の様に見えるかもしれません。しかし，そこに書かれているのは，教師の心の中なのです。子どもに語りかけながら，何よりも自分に語りかける必要があります。

　子ども達の姿は教師の心の鏡なのです。

5 同僚・管理職と 上手くいかない時には

　『学び合い』の実践者から「『学び合い』を実践しているために，管理職・同僚と上手くいかない」と相談を受けます。しかし，それは誤解です。考えてみて下さい。隣のクラスの先生が，どんな授業をしているか気になりますか？気にならないと思います。

　軋轢が生じてしまうのは，『学び合い』が良いことを確信するあまり，それ以外の実践を駄目だと思ってしまうためです。それが言動に現れて軋轢が生じてしまうのです。つまり，『学び合い』において子ども達に説明する「折り合い」を自分自身がつけていないためです。

　私の職場には，『学び合い』とは真逆な教育実践を信奉している先生もおられます。しかし，仲良くやっています。それぞれが子どものことを考えて，信じていることを深めているのです。その是非は，当事者同士の議論で決まるわけではなく，時が審判します。だから，カリカリする必要はありません。

　ゼミ生には何度もいう言葉です。

　「挨拶が大事。「おはようございます」，「ありがとうございます」，「すみませんでした」，「お先に失礼します」という挨拶は大事だよ。これを毎日やっていれば，前日の会議で気まずいことがあっても，翌日におはようございますと挨拶すれば，リセットできる。そして最後の5番目がある。ちょっと余裕が出来たら，「何か出来ることはありませんか」と言えばいい。教師は教師を授業で評価しない。それは職員室での立ち居振る舞いで決まる。5つの言葉はとても有効だよ」

もちろん，『学び合い』を毛嫌いする人がいるでしょう。管理職が『学び合い』を禁止するかもしれません。その場合は，以下のように言えばいいのです。

　「それは職務命令ですか？職務命令だったら文章で下さい。もちろん，職務命令の場合，その根拠となる法令を明示する必要があります」（もちろん，言い方はけんか腰ではなく，穏やかに）なお，管理職との会話はICレコーダーに取ればいいです。

　これを言えば，校長は何も言えなくなります。校長に対してこれが出来るとしたら，同僚はもっとですね。先輩（その方は後に学長になりました）から「西川くん，出世の出来る人はどんな人だと思う。それは，丁寧に聞いて，無視できる人。自分の考えに確固とした自信が無いと，いちいち反論して聞き流すことが出来ない。そして，自信があればいくら聞いても動かない」と教えてもらいました。

　では，我々が恐れるべきは誰でしょうか？それは職員室です。

　ゼミ生に言うことです。

　「授業が上手くいかないことや，学級崩壊を起こすことで職を辞する人はいない。しかし，職員室に居場所がなくなれば職を辞する」

　『学び合い』を毛嫌いする人は多くても２割弱です。それ以上の人から嫌われているとしたら，それは『学び合い』ではなく，「あなた」が嫌われているということです。その原因は上記に書いたとおりです。幸い，心を入れ替え，行動を変えたならば，評価が変わるのに，それほど時間はかかりませんよ。少なくとも直ぐに見直してくれる人は半数近くいるはずです。つまり，居場所が確保できます。

　詳しくは「みんなで取り組む『学び合い』入門」（明治図書）をご覧下さい。

6 その子，その事を解決出来る 集団をつくる

　私がゼミ生に最も多く言うことの一つは，「その子，その事を解決する能力は教師にはない。教師に出来ることは，その子，その事を解決出来る有機的な集団を創ること」です。

　ゼミ生の相談や，外部からのお悩みメールには，様々な子どものことで悩んだ人からの相談が多いです。それらは，『学び合い』において，遊んでいる子，ルールを破る子，寝ている子，フリーライダーの子，一人ぼっちの子，虚言癖の子など様々です。しかし，全て同根の悩みなのです。相談する方は「その子」に目を奪われていて，何とか自分で解決しようとしているのです。

　大きな書店に行けば，上記のような子どもに対してどのように対応するかというマニュアルが，教師用図書の棚にあると思います。つまり，教師が解決出来ると思っているのです。

　しかし，それは無理だし，無駄です。例えば，「遊んでいる子」だとしても，その原因は多種多様です。同じ原因だとしても，最善の方法は様々です。それらを探り当てるには，トライアンドエラーを積み上げるしかありません。ところが教師は数十人の子どもに責任があります。だから，そのようなことは無理だし，無駄です。

　しかし，「無理だし，無駄です」と言えば，一般的に無責任な教師と言われるでしょう。なによりも本人がそう思うと思います。しかし，『学び合い』の実践者は胸を張って「無理だし，無駄です」と言えます。なぜなら，代わりになる可能で，有効な手立てを知っているからです。

　私は相談者に対して以下のように語ります。

「最初に確認するけど，その子がそうなのは『学び合い』の授業だからではないよね。例えば，遊んでいる子は，今までの授業の時は静かにしていても頭の中で遊んでいた。つまり，『学び合い』の授業では，心の中にあるものが実際の行動に反映されるから。つまり，見えやすくなっているだけのこと。でも，見えやすくなっていることが重要。その子のことを気づいたのはあなただけ？違うよね。気づいている子はいたよね。クラスをリードする子を思い浮かべて。さて，その子達の中には，その子がそうだということを気づいている子は複数いたよね。では，その子達は何をしていた？おそらく見て見ぬふりをしていたはずだよ。なぜ，そんなことが起こったのだろう。教師はあなたが気にしている子どもを動かす能力は無いよ。あったら，その子はそのような行動はしないから。しかし，２割弱のリードする子どもを動かせる能力は凡庸な教師でも持っている。では，その子達が見て見ぬふりをしていたのはなぜ？原因はどこにある？そう，あなただよね」と言います。

　なぜ，上記のような事が起こっているのでしょうか？理由は２つです。
　第一に，教師が自分で解決しようとしているからです。それはリードする子に見破られてしまいます。そうなれば教師に任せて，自分は関わりたくないですよね。面倒ですから。
　第二に，『学び合い』を分かりやすい授業，面白い授業のためだという授業レベルでとらえているからです。上記のような子どもが学習に向かったとしても関わった子どもが分かりやすくなったり，面白くなったりしないと思っています。だから，やりたくないと思うのです。

　これを乗り越えるためには，全員達成は全員の生涯の幸せに繋がることを，教師が心の底から信じる必要があります。そのためには，本書の後半で説明することを理解する必要があります。

7 『学び合い』によってソーシャルスキルは伸びるのか

　授業レベルの『学び合い』の実践者の多くは，『学び合い』によって子ども達のソーシャルスキルが伸びるし，それが『学び合い』の目的だと思っていると思います。

　違います。ここを間違えると，本当に大切にすべきことを見失ってしまうのです。

　正確に言えば，２割弱の子どもはソーシャルスキルが向上します。ところが，６割強の子どもの変化は軽微で，２割弱の子どもは変化がありません。そのような構造があることを，我々は１年間の子ども達の発言内容を分析した実証的研究で明らかにしています。

　そして大事なことは，そのような変化は我々が持っているソーシャルスキル全体のごく一部にすぎないということです。ホモ・サピエンスは協力して生き残った生物です。ソーシャルスキルを DNA の中に刻み込んでいます。

　私やゼミ生は「飛び込み授業」をすることがあります。その学校で一番荒れたクラスに入り，２時間でクラスを激変させるのです。ちょっと信じられませんよね。でも事実です。しかし，これは当然のことなのです。これを説明する際，以下のように説明します。

　「指導する野球部の子どもが頑張ったので，焼き肉屋で思いっきり食べさせようとしたとします。さて，あなたが顧問だったとき，「食べてくれるだろうか？」と心配しますか？「どうやったら食べてくれるだろうか？」と手立てを考えますか？馬鹿馬鹿しいですよね。子どもの多くは焼き肉が大好きです。食べ方は焼いて食べるだけ，焼き方が不十分でも大丈夫です。もし，

子ども達が食べるのをためらっているとしたら，顧問のあなたが予算オーバーするのではないかと危惧しているときです。」

　『学び合い』も同じです。黙って授業を受けるよりはるかに楽しい。「教えて」，「いいよ」に何の技術習得も不必要です。もし，学び合わなかったとしたら，それはあなたの心を見透かされているのです。

　だから，２時間の飛び込み授業だけでも，１年間の実践で達成するレベルの７，８割に達することはたやすいです。しかし，そこからが勝負なのです。２時間程度では，子ども達の関わる組み合わせは固定化しています。そして，誰とも繋がっていない子はいるはずです。

　人類学者のロビン・ダンバーによれば，ホモ・サピエンスは血縁を中心とした150人以下の群れの中で生活出来るソーシャルスキルをDNAに組み込んでいます。しかし，同じ群れ以外のメンバーと繋がる能力はDNAには組み込んでいません。ここが教育の出番なのです。

　『学び合い』で目指しているのは，多様で多数の人を同じ群れ（仲間）と信じられるようになることです。後述しますが，これによって『学び合い』は子どもの生涯の幸せを保障することが出来ます。その最初の段階が，全員達成を目指した授業レベルの『学び合い』なのです。最初は分からない子どもは「教えて」とは言えません。勉強の得意な子が，優しく接してくれる中で，「この人は自分を馬鹿にしない」と認識します。そのような人がどんどん増えてクラスの文化だと感じると，「教えて」と言えるようになるのです。

　しかし，授業レベルの『学び合い』段階では，次の年に『学び合い』の実践者の手から離れてしまうと，元の木阿弥になってしまうのです。

　では，子ども達がどれだけ多様で多数の仲間を獲得し，永続させることが出来るかを決めるのは何でしょうか？

　それは，その教師がどのレベルで『学び合い』を理解するかに依存します。

8 子ども達を知っていますか

『学び合い』では教える子と教えられる子がいます。教えられる側のメリットは分かりやすいのですが，教える側のメリットが分かりにくい。『学び合い』の実践者も「教えることによって理解が深まる」と子ども達には言っていますが，自分自身が信じ切れていない人が少なくありません。少なくとも，教えられる子に比べて，教える子のメリットは相対的に小さいと思っている人はいます。

大きな誤解です。このような誤解を持ったまま『学び合い』を実践すると，教える側に配慮してしまいます。代表的なのは異学年『学び合い』において，上級生の課題を相対的に軽くして，下級生を教える時間を確保しようとしてしまうのです。

第一の誤解は，教える側の子どものメリットは教師が考えるよりはるかに多いことを理解していない。その原因は子ども達の会話を聞いていないからです。子ども達の会話を知れば，子ども達が学ぶことを多様に捉えていることが分かります。しかし，『学び合い』の実践者であっても，断片的にしか知りません。

西川研究室では，全ての子どもと教師にICレコーダーを装着してもらい，教室に3台のビデオカメラを設置して，子どもと教師の言動を記録分析します。1校時のICレコーダーを聞くためには1校時必要です。それを文字起こしして分析するには更に2校時はかかります。たった一人の言動を分析するのに3校時以上かかるのですから，30人を分析するには30倍かかります。つまり，たった1回の授業を分析するために100校時ぐらいの時間がかかります。それを最低で3ヶ月，長いときには数年間記録・分析するのです。気

が遠くなりますよね。現職教員であっても生涯触れることが無い子ども達の言動を知ることが出来ます。我々はそれを二十年以上積み上げてきたのです。

　なぜ，そのようなことを続けてきたのでしょうか？

　『学び合い』によって子ども達は驚異的な成果を上げます。例えば，ほとんど０点だった子どもが満点を取るようになります。また，人間関係をつくることが出来ず，暴力的な行動をする子どもがクラスに馴染むようになります。多くの教師には信じられないことが起こります。しかし，全ての会話を聞き取ると，子ども達は普通の会話で少しずつ変化させていきます。その変化は微々たるものですが，子ども達は膨大な会話を積み上げることが出来るのです。普通の会話なのですが，その後に影響を与える言動というものがあります。例えば「こうだと思うよ」という会話に対して，頷く程度のことが激変を起こすことがあります。このような言動がいつどこで起こるか分かりません。だから全員の会話を聞きます。

　世の中には，クラスを激変させる教材や指導法はあります。しかし，１回，２回で変わるものは，１回，２回で元に戻ります。我々は文化として定着する過程を知りたいので，最低でも３ヶ月以上継続して記録・分析しています。気の遠くなるほどの手間です。しかし，それに値する知見が得られました。その知見を本でまとめています。

　最近の本には割愛していますが，先に紹介した「学び合う教室」，「『学び合い』の仕組みと不思議」，「『「静かに！」を言わない授業』，『「座りなさい！」を言わない授業』，「『「忙しい！」を誰も言わない学校」，「『「勉強しなさい！」を言わない授業」（いずれも東洋館出版社）という『学び合い』の初期の本にはその詳細が書かれています。一歩進まれて，そのデータ元である学術論文を読めば，さらに詳細を知ることが出来ます。

　ちなみに西川研究室に入って最初に読むのが上記の本です。そのため，ゼミ生の『学び合い』実践が我流になる危険性がほとんど無くなります。

まとめ

　子どもという子どもは一人もいません。一人一人は違います。そして，求めているもの，分かる説明は一人一人違うのです。だから，教師がみんなを分からせようとするのは無理なのです。それは１分間空中浮揚するのと同じレベルで不可能なことです。

　しかし，教師が相手にしているのは「個々の子ども×30人」ではなく，一つの集団と考えるならば，教師の出来ることはあります。それが出来るのは，集団の構造を理解しているからです。「個々の子ども×30人」全員に分からせなければならない，「個々の子ども×30人」全員に納得させなければならないという呪縛を解いて下さい。そうすれば見えるものは大きく変わるはずです。

　本章までで，授業レベルの『学び合い』を実践するために大事なことを書きました。先に紹介した本を，ここまでに書いたことを思いながら読めば，実践できるようになるでしょう。

　しかし，あなた自身が『学び合い』を実践している分にはあまり気にならないと思いますが，実践していない方から指摘されると，混乱し不安になってしまうことがあります。次章では，それに関して書きたいと思います。

3 『学び合い』で よく聞かれることQ&A

はじめに

　2000年に『学び合い』を本格的に紹介した『学び合う教室』（東洋館出版社）を出版しました。その頃，限られた情報で『学び合い』を実践し，悩み，迷った方からのお悩みメールを多数受け取りました。私はその全てに誠実に返信をしました。1日3時間から5時間かかりましたが，相手が不誠実であっても自分は誠実であることを自身に課しました。

　大変でしたが，得るものも多かったです。自分でも驚くのは，『学び合い』の再現性の高さです。つまり，本の通りにやれば，本の通りになります。その結果として，「お悩み」が非常にパターン化しているのです。それに対しての対応策をメールで返信すると同時に，SNSでも発信しました。それを読んで実践した方からのお悩みメールを受けます。この数千人の実践者と十年以上のやりとりの中で，『学び合い』の実践方法は洗練されたのです。おそらく，「根拠俺」ではなく，学術データと実践者とのやりとりで形成された全国レベルの教育実践は『学び合い』のみだと思います。

　その成果は2012年に「『学び合い』スタートブック」（学陽書房）という形でまとめられました。その後も，様々な角度からまとめたものが出版されました。その結果，お悩みメールは激減しました。

　ところが，お悩みメールが0になったわけではありません。読んでみると，本には書いてあることなのですが見過ごしている方，また，数冊だけ読んで実践している方なのです。しかし，数多くの私の本を読んでいる方でも誤解しています。理由は，人は既存の枠組みで理解してしまうからです。

当然，従来型授業の実践者はこのような誤解をします。それを直接，私にぶつけることはあまりないですが，『学び合い』の実践者が同僚や管理職から質問を受けることは少なくありません。

　そのような方々から，「〇〇と言われたのですが，返答に困ってしまいました。西川先生はどのように説明されますか？」という経路で私の耳に達します。いずれも，「まあ，そう誤解するよな」と思います。そして，つくづく，従来型授業と『学び合い』の授業では，根本的な前提が異なるのだと再確認します。

　本章では，そのような質問に対してお応えしたいと思います。

1 『学び合い』における教員の役割とは？

　私は教えることは子ども達が出来るし，子ども達の方が上手く教えられると書いています。これに対して，「子どもへの丸投げ」，「教師の責任放棄だ」と批判されることもあります。しかし，教師は何もしなくて良いとは一言も書いていません。ただ，教師の仕事は別にあり，そこに集中すべきだと書いているのです。

　『学び合い』の実践者のいる学校にお邪魔しました。その学校の研究主任の方から「責任放棄ではないか？」と聞かれました。それに対して以下のように応えました。

　「医者の仕事は何ですか？聴診器で心音を聞くことですか？注射をすることですか？違います。病気を治すことです。聴診器で心音を聞くより，注射をするより良い方法があるならば，それをすべきですよね」と申しました。認知心理学での知見や，日本における学習塾・予備校の普及等を説明して，その事は納得してもらいました。しかし，「それでも授業をすべきだ」と仰るのです。私は「その結果として，分からない子どもやつまらない子が増えてもですか？」と聞くと，「授業すべきだ」と仰るのです。唖然とした私は「なぜですか？」と聞くと，「教師の仕事は授業だから」と仰るのです。

　私は意味が分かりませんでした。おそらくは「給料をもらっているのだから，何かをすべきだ」と考えておられるのです。その方の誤解は，教師の仕事は授業（正確に言えば，発問・板書等の行為）と思われている点です。

　1950年代にシカゴ大学で活躍したリッカートによれば，管理職には2種類あります。主任や係長クラスの下級管理職は部下と同じ仕事をしつつ管理している管理職です。一方，社長や取締役クラスの上級管理職は部下と同じ仕

事はしていません。

　それぞれに関して様々な能力が，パフォーマンスにどう関わるかを研究したのです。その結果，下級管理職では，その仕事に直接関わる知識・技能がパフォーマンスに関わります。一方，上級管理職のそれはパフォーマンスに関わらないのです。例えば，トヨタの社長はエンジン加工の知識・技能を持っていてもパフォーマンスには関わらないのです。何が関わるかと言えば，その企業の社会的意義や今後の社会の変化に関するヴィジョンなのです。

　わかりやすい例を挙げましょう。

　学校における上級管理職は校長です。校長は授業をしません。学年主任・教務主任は下級管理職です。周りの教諭と同じく授業をします。若手教員が授業や学級経営に悩んだら相談にのるのは，下級管理職です。もし，校長が一人一人の教諭の授業に指導を入れたら，どう思われますか？では校長の仕事はなんでしょう？それは学校が取り組むべき事の意義を示し，管下の職員に納得させることです（先に述べたように，全員を納得させる必要はありません。それらはリードする職員がやってくれます）。

　『学び合い』における教師の立ち位置は，下級管理職ではなく，上級管理職なのです。クラスにおけるリードする子（多くは成績の上位者です。全員ではありませんが）が下級管理職です。その子達に，学校で学ぶことの意味を語り，周りを巻き込んで全員達成することが自分にとって得だと納得させるのが上級管理職である教諭の仕事です。

　中学校部活で高成績を上げている顧問に対する調査をしたことがあります。その結果分かったのは，『学び合い』でやっていることと同じです。その顧問は部活の意味を勝ち負けレベルで語るのではありません。そして，子ども達に任せ，子ども達が頭を使って自主的に練習プログラムを決め，試合で活躍するのです。

　先に述べましたが，「『学び合い』とは教科学習を部活にしたものだ」と言うと納得される方は少なくありません。

2 医者との違い

　ネットで「「教え合い」や「学び合い」による「教育」は，医師が患者に「治し合い」をしろと言っているようなもの。患者同士がいくら知恵を出し合っても，勉強におけるトリガーポイント・筋硬結は，永遠に見つけられないだろう。」というコメントを見ました。多くの方が感じることだと思います。

　上記のように思われる方にはいくつかの誤解があると思います。

　第一の誤解は，実際の子ども達がつまづいているところは何か？ということです。我々は子ども達が何を分からないかを膨大なデータから見ています。その結果，子ども達は教師からは本当に馬鹿馬鹿しいレベルの事が引っかかります。例えば，「国道って道のこと？」とクラスメートに聞いている子どもがいます。また，「あ，それはここを見れば良いんだよ」と教科書を指し示し，「あ，な〜んだ」と言う会話もあります。ところが現状の授業ではそれが出来ません。そして，子どもは教師にとっては馬鹿馬鹿しいレベルのことで学習を放棄します。授業開始5分でどんどん子ども達は宇宙に旅立つのです。

　第二の誤解は，現状の日本の子ども達の学力分布です。現状の授業は，教える内容は授業前は教師しか知らないという学制発布の時代に形成されたものです。その時代は，コピー機は無いし，本も高かった。そのような時代であれば，教師が黒板に書き，それを写すという教育しかあり得なかった。ところが，現状は塾・予備校・通信教材があふれています。さらに親が高学歴になり，中には教員免許状を持つ親も増えました。結果として，どんなクラスにも，学校で教える前に勉強済みの子どもが2，3割はいます。そのよう

な子どもは，教師がこの時間で何を言わせたいのかが分かっています。それを授業の最初に言えば，教師の立場がないので，心優しき勉強済みの子ども達は分からないふりをしているのです。

　第三の誤解は，ものを知れば知るほど，深い理解をすればするほど，教え方がうまくなるという誤解です。素人的には正しいように思います。多くの人の常識なのでしょう。そして，現状の教員養成・再教育はそれに基づいています。しかし，先に述べたように認知心理学のエキスパート・ノービス研究からも否定されています。ま，そんなことを言わなくても，大学まで勉強した人だったら，教えてもらった小・中・高・大の中で壊滅的に分からない授業をしたのは誰かを思い出せばいいと思います。天に唾しますが，大学教師です。なぜ，教え方が下手なのでしょうか？それはあまりにも分かりすぎるから，分からない人を理解することが出来ないのです。教え・教えられるという関係において，分かれば分かるほど良い，という単純な関係は成り立ちません。教え・教えられる両者の理解の距離が適度であるとき学びが成立します。従って，教師より子ども（それもそれほど成績の良くない子ども）の方が，教師には理解不能の子どもにとって良い教え手になります。

　第四の誤解は，分からない子に必要なのは知識・理解だけではなく，それ以上にその子の気持ちにより添うことが必要なのです。例えば，やる気を失っている子どもにとって，ちんぷんかんぷんな授業をする教師が「やろうよ」と言うのと，周りの親しい子どもが「いっしょにやろうよ」と言うのとでは，どちらが効果的でしょうか？子ども達がやる気がなければ，いかなる授業も無意味です。

　第五の誤解は，子どもの多様性がどれだけかということに関連しています。今の授業は，「分かっている子」，「分からない子」と大づかみに二分しています。そして，分からない子ども用の素晴らしい教え方があると思っています。しかし，実際は「分かっている子」も「分からない子」も一人一人違っています。分かる子がもっと分かるための方法，分からない子が分かるための方法は，一人一人違っているのです。どの方法が，それかを判断できるの

は当人のみです。だから，当人との対話が必要なのです。それも膨大な会話が。しかし，このようなことは教師には物理的に出来ません。

　さて，以上を踏まえて，現状の教育を医療に置き換えると以下の通りになります。

　擦り傷だったら消毒して，絆創膏を貼ればいいです。二日酔いだったら，水を多めに飲んで寝ればいい。しかし，そのようなことは医療行為であると判断し，いちいち大学病院の医者（教師）にやってもらわなければなりません。町には町医者（ミニティーチャーの子ども）がいるのですが，それはたまに大学病院の医者から「やってもいいよ」と許された場合にのみ治療出来ます。このような社会では，全ての人が大学病院に殺到します。結果として，圧倒的大多数は医者に診てもらうことは不可能です。そうすると擦り傷や二日酔い程度の患者は，そのうちに自然治癒してしまいます。しかし，そのような患者のために医療を受けられない癌の患者が，早期発見することが出来ず死ぬのです。

　では，『学び合い』ではどうなるか。擦り傷や二日酔い程度は自分で直します。鼻風邪程度も自宅で治します。しかし，熱が38度以上になったら，町医者に行きます。また，なんかどうも変だな，と思うと町医者に行きます。かかりつけの町医者であれば，その患者の過去の履歴に基づき，だいたいの病気の原因を判断できます。が，それでは判断できない場合，また，重篤な病気の兆候があった場合，大学病院への紹介状を書きます。大学病院では，そのような患者を中心に診察するのです。

　さて，どちらの方が「まし」か？自明だと思います。

　しかし，多くの教師は上記を認められません。なぜでしょうか？逆に言えば，なぜ『学び合い』の実践者は認められるのでしょうか？

　子どもに任せると成績が上がり，人間関係が向上するという「事実」を目の当たりにしているからです。おそらく，『学び合い』を実践し続けている方の最も大きな動機付けだと思います。一度，この感覚を知ってしまうと，従来型の授業をすると，あっという間に学習を放棄してしまう子どもが目に

入ってきます。しかし，これは『学び合い』を実践していない方には怪しげな言明としか受け取られません。

　考えてみて下さい。私に近い年齢の方々に問います。携帯電話がこれだけ普及することを予想できましたか？公衆電話が撤去され，テレホンカードがなくなる時代を想像できましたか？昔の我々にそのようなことを言ったら，「じゃあ，どうやって外で連絡するの？」と聞くだろうし，「手のひらサイズの電話が出来る」と言ったら，「バカな」と一蹴されるでしょう。

　しかし，私はもう一段階上の次元に進んで欲しいのです。なぜなら，『学び合い』によって成績が向上し，人間関係が向上するという理由で『学び合い』を実践しているならば，たやすくぶれるからです。例えば，ゲーム性の高い教材が一見高いパフォーマンスを上げているように見えると併用したくなります。また，子どもや保護者から「分からない」，「つまらない」と言われると心が揺れてしまいます。

　『学び合い』によって「分かる授業」，「面白い授業」を普通の教師でも実現できます。しかし，『学び合い』の最終目的はそこにはありません。それは「子ども達の生涯（一年，数年のレベルではなく，彼らの老後を見据えたレベル）の幸せを実現することです。

　これを理解するには，授業レベルの情報で学んでも到達できません。私の本の中で，『学び合い』のまの字も書いていない本を読み，そこに紹介した教育とは関係ない本を読み，考え，人と語り合う必要があります。それが分かれば，授業以外に教師がやるべきことがあることが分かり，それが子どもの人生において，より価値があることを理解出来ます。だから誇り高く，板書・発問をしないという判断が出来るのです。

　そして，その立ち位置で子ども達に語れば，「教師」ではなく，「人生に関する師」となることが出来ます。そうなれば，絶大な影響力を持ちます。好きな芸人の芸がいくら優れていても，その人の生き方に学ぼうとはしないでしょう。教師の生き方を見て，子ども達は生き方を学ぼうとするのです。教科を教えるという能力だけでは人生を語れません。

3 『学び合い』では本当に教師は教えなくていい？

　本書の終わりの方に説明していますが，『学び合い』が授業実践レベルではなく，生き方レベルになれば，テクニックは不要になります。いや，テクニックは阻害要因になります。事実，私は自分の実践の場である西川研究室においてテクニックは使いません。名前を書いたマグネットを動かして，出来ている・出来ていないを可視化しません。声がけによる可視化もしません。課題を工夫しません。ゼミ生に「うちの研究室，上手くいっているよね？」と聞くと皆頷きます。「なんもしないで上手く行くわけないよね。私は何をやっている」と聞いても全員が答えられません。もちろん，私はやっています。ただ，それが自然すぎてゼミ生にも分からなくなってしまうのです（これは本書の後半に説明します）。

　しかし，私の本のほとんどは，私が全く使っていないテクニックを書いています。なぜでしょうか？

　『学び合い』を始める方は不安だと思います。当然です。今までと真逆とも見える実践ですから。そして，少しでも上手くいかないと不安が増大し，最悪，やめます。実は子ども達はテクニックによって動かされるのではなく，教師の心，具体的には「学校教育の本当の意味は何か」，「自分たちをどれだけ信頼しているか」によって動かされるのです。『学び合い』は従来型の授業よりはるかにそぎ落とされているので，その教師の心の影響が強いのです。

　しかし，いきなり「学校教育とは生涯の幸せを保障すること」とか，「子ども達は有能だ」と言われても，今まですり込まれた「基礎的な学力を保障することが学校教育の目的」，「子どもは弱く，守って導かねばならない」と

いう考えが阻害します。

　まあ，「剣の道は心」といきなり言われても困りますよね。そこで，先人がまとめた型（例えば素振り）を伝えます。入門者はまずそれを繰り返すことをします。剣道で言う守破離の「守」の段階です。私の本のほとんどは，この「守」を書いています。本の通りやれば，本の通りの結果が出ます。そして，典型的な失敗もパターン化しているので，それに対する処方箋も書いています。その結果として，驚異的な再現性によって一定以上の実践は誰にでも出来ます。それが小さな大学の一教師が始めたことが全国に広がった理由です。

　「守」の段階では９割以上の状況に対応できますが，全てではありません。「守」で学んだ型とは違ったことをしなければなりません。それが「破」の段階です。『学び合い』の会等で「西川先生には叱られるかもしれませんが…」という発表をされる方がおられますが，「破」の段階の方だと思います（もちろん，私は叱りませんよ）。

　しかし，ここに「破」の段階か，「なんちゃって『学び合い』」の分かれ目があります。その大きな違いは「学校教育とは生涯の幸せを保障すること」，「子ども達は有能だ」が分かった上での「破」なのか，それとも子ども達の能力を信じられず，とりあえず成績を上げたいと願った「破」なのかのいずれかなのです。

　世の中には優れたノウハウがあります。有名なのは向山先生の跳び箱の跳ばせ方があります。あれは強力だと思います。それを『学び合い』に併用したいと願うのは当然です。併用すれば，跳び箱は早く跳べるようになるでしょう。しかし，子ども達が関わり合い，頭を使って跳べるようになった方が，共に困難を乗り越えた仲間を得るという「学校教育とは生涯の幸せを保障すること」に必須な機会を与えられます。さらにいえば，優れたノウハウは多くの子どもに有効であっても，全員ではありません。ノウハウにフィットしない子どもが飛べるようになる方法を子ども達は生み出せるとなぜ信じられ

ないのでしょうか？

　向山先生のノウハウすら以上のように言えるとしたら，普通の教師の「根拠俺」にどれだけの意味があるでしょうか？

　子どもの姿は教師の心の鏡です。

　もし，教師が子ども達の能力を信じられないならば，子ども達は自分たちを信じられないでしょう。

　２種類の校長がいます。いずれも，学校の課題は何であるかを明確に示しました。そして，基本的に管下の職員に任せます。しかし，問題が起こった後に違いが出ます。

　第一の校長は，自身の過去の経験に基づいて原因を特定し，適切な解決策をアドバイスします。職員の中で「さすが校長！」という評価が高まります。そうなったらどうなるでしょうか？おそらく，職員室をリードする職員が事前に校長に相談するようになるでしょう。そして，自分で考える割合を減らすはずです。この傾向は，リードする教員から周りの教員に伝染します。その結果として，校長のレベルには安定して到達することは出来ます。しかし，それを超えることは出来ないのです。さらにその校長が「根拠俺」レベルの場合，その到達点は非常に低いものになります。なによりも，職員が校長の方向のみを見ており，結果として職員集団の凝縮力は低くなります。

　第二の校長は，子ども達・職員の生命・健康に関係なく，関連法で明確に違法でないならば，黙ってみています。職員室をリードする職員が相談に行くでしょう。しかし，「私は皆さん達を信じています。皆さんが出来ることで，皆さんが最善であると思うことをやればいいのです。心配しなくても大丈夫です。問題が起こって抗議があったとしても，私が皆さんを守ります」と全職員の前で言うのです。その結果として，低いレベルにしか到達できないかも知れません。しかし，このようなことが一貫して続けるならば，安易に校長に頼らず，自らで解決出来る職員集団が育っていきます。

　２種類の校長の違いはどこにあるのでしょうか？

「学校教育は何か」が違います。例えば，第一の校長は運動会，文化祭等の各種行事，毎回のテストの点数を高水準で維持することと考えています。しかし，第二の校長は，子どもや職員の生涯の幸せを保障するという視点で考え，運動会，文化祭等の各種行事，毎回のテストの点数はそのためのツールに過ぎないと考えています。そして，自分の能力よりも有機的な職員集団の能力が遙かに優れていると信じているのです。

　みなさんはどちらの校長の学校に勤めたいですか？

　『学び合い』における教師は，この第二の校長の立ち位置なのです。

　もちろん，校長や職員集団の方針で，何らかのテクニックを使わなければならない場合はあるでしょう。その場合は，どうぞ使って下さい。おそらく何の問題もありません。なぜなら，先に述べたように，子どもはテクニックによって動かされるのではなく，教師の心によって動かされるのです。少なくとも子ども集団をリードする2割弱の子どもは正しく教師の心を読み取ります。あなたが望んでテクニックを使っているわけではなく，あなたの教育の意味づけ，子ども集団への信頼が揺らいでいないならば，その心をくみ取ってくれます。

　私の本に書いているテクニックに囚われず，「学校教育とは生涯の幸せを保障すること」，「子ども達は有能だ」という視点で，様々に対応し続けるならば，やがて私の本に書いてあるテクニックと，それとは違うと思っていた自分自身のテクニックに差が無いことに気づきます。やがて，定型的なテクニックは無くなり，呼吸するように自然な動きで伝えられるようになります。これが「離」の段階です。そうなると「剣の道は心」のような訳の分からんことが分かるようになります（こんなことを書くから私は宗教じみていると揶揄されるのですが，私の言明は学術データと実践データと各種と統計データに裏打ちされています）。

　本書は，正しく「破」の段階を通り，「離」にいたる道筋を書いているのです。

4 『学び合い』は学び合うことが目的じゃない？

　『学び合い』というネーミングから，学び合うことが『学び合い』の目的だと誤解する方は少なくありません。これは『学び合い』の実践者の中にもいます。

　そのような方は，学び合わないと不安になり強制的に学び合わせようとします。例えば，「学び合ったならばテストの点数を20点加算する」というような例もあります。困ったことだと思います。このようなことをすれば，学び合うこと自体の価値はテストの20点レベルだと子どもに言っているのと同じことです。自身の問題解決をするためには，学び合うことが重要で，仲間が必要であることは，生涯の幸せに関わる重大事です。だから，仮に「学び合いたくない」と言われたら，「どうぞ」と言うでしょう。ペナルティを課す必要もありません。自身の問題解決をするためには，学び合うことが重要で，仲間が必要であることを理解できないことは，生涯に関わるペナルティを自らに課しているのです。

　自らの課題を解決するとき，学び合うことが有用であることは，ホモ・サピエンスの DNA に刻みつけられている本能です。教師がことさら強いる必要はありません。ただし，先に述べたように我々の DNA に刻みつけられているのは血縁を中心とした150人規模の群れ・仲間に対して学び合うことです。群れの外には本能は発動しません。

　しかし，サバンナを脱し，農耕を始め，様々な文化を育む中で，より多様で多数の群れをもつ個体群が生存競争の中で生き残りました。それらを教育を通して，後天的知識として与えています。『学び合い』はそれを組織的に行っています。

例えば，「一人で勉強したい」と申し出られれば，「どうぞ」と言います。しかし，一人で勉強して達成できないならば，周りの子どもは関わりを持とうとします。様々な子どもがトライアンドエラーを繰り返しながら，その子との関わり方を見いだすのです。これは勉強が出来るタイプの子どもでも似たようなことが起こります。その子を巻き込んだ方が周りの子どもにとって得ですから。

　その子が変わることよりも，周りが変わることの方が可能性は高いし，早い変化が期待できます。このあたりが本当に腑に落ちれば，子どもを学び合わせようとする手立てが不必要であることが納得できます。

　さて，『学び合い』以外の“学び合い”には組織的な手立てがあります。

　もっとも典型的な本として，ジョンソン＆ジョンソンの「学習の輪」という本です。この本には本文にも，また，本の帯にも「子ども達は他の人々とうまくつきあう方法を生まれつき知っているわけではない」という趣旨を明示しています。内容はきわめて示唆に富むもので，良い本です。でも，上記の一点だけは納得できません。「なぜ，ジョンソンはそのように考えたのだろう」と，本の隅から隅まで読みましたが，その根拠が明示されていません。きっと，当たり前すぎるほど，当たり前と考えたのでしょう。

　しかし，そのような前提で本が書かれているので，いくつか気になることがあります。たとえば，共同学習を成立するための19段階のステップを用意しています。これも，教えなければできないという前提に基づくものです。個々のステップが有効である可能性を否定しませんが，いくつかの問題点があるように思います。なによりも，そんなに手間のかかることを多くの教師がやるとは思えません。そんなに手間のかかることをやる教師が皆無とは申しません。我が国でも類書が出ています。しかし，そのような本で書かれている方法を本気でやった場合は，子ども達が型に囚われ，形骸化したコミュニケーションになる危険性が多いと思います。

5 『学び合い』の実践者の陥る「罠」について

　様々な編集者とお付き合いしましたが，「採用5年以内の教師を読者として想定して下さい」と言われることが少なくないです（ちなみに，そのために本書の企画を頂いたときにビックリしたのです）。理由を聞くと，「経験の無い教師は失敗し，もがき，そのために身銭を切ってでも本から学ぼうとする。しかし，採用5年ぐらい経つと「そこそこ」のことが出来るようになるし，仮に失敗してもそれを荒立てない術を得ている。だから，勉強しなくなる。」と言われました。

　『学び合い』の実践者の陥る罠は，その人が，何を求めて『学び合い』実践を始めたかによって変わります。

　勉強熱心な教師の中には，『学び合い』を最先端の教育実践だと考えて，いち早く『学び合い』実践を始めた方がおられます。その多くの方々は従来型の授業でも高いパフォーマンスを上げることが出来ます。つまり今まで多くの授業実践を学んだ，いわゆる引き出しの多い方々です。このような方々は，新鮮なネーミングの授業実践が現れると，そちらに目移りします。そして，『学び合い』は引き出しの一つになります。このような方は授業実践レベルでしか教育を考えられません。そして，授業レベルでしか子ども達を考えられません。

　また，採用数年以内の方の中には，授業が上手くいかず，何をやっても出口が見えない方々がいます。藁をもつかむ思いで『学び合い』実践を始める方がいます。このような方の過半数は，手っ取り早くなんとかしたいのです。私へのお悩みメールの25％以上はこのような方々です。最初に今までに何を読んだかを聞くと，「『学び合い』スタートブック」1冊の人が多いのです。

それでスタートして，失敗し，私にメールをしてくるのです。私が本を紹介し，丁寧に教えると上手くいくようになります。少なくとも，その人が従来型授業よりはマシなレベルに達することが出来ることを自覚出来るようになります。経験年数を重ねていくと，『学び合い』を引き出しの一つにします。先と同様に，このような方は授業実践レベルでしか教育を考えられません。そして，授業レベルでしか子ども達を考えられません。

　　一番可哀想なのは，対人関係の折り合いを付けることが下手な方です。管理職・同僚との軋轢が生じたとき，それを『学び合い』が原因だと考えるのです。この方の場合，先に述べたように子どもに求める「折り合い」を自らは実践できないのですから，子ども達も「折り合い」が出来ません。

　　いずれの方も共通する点は，「学校教育の本当の意味は何か？」，「子ども達をどれだけ信頼しているか」が弱いのです。

　　色々なことを書きましたが，何を隠そう，西川研究室も同様です。ゼミ生の時は『学び合い』を実践し，私から奥義（笑）を伝授されました。しかし，卒業後は従来型授業を実践している方もおられますし，当人は『学び合い』を実践しているつもりですが，「なんちゃって『学び合い』」になっている人もいます。

　　私は，それでいいと思っています。「学校教育の本当の意味は何か？」，「子ども達をどれだけ信頼しているか」を考え実践できる教師が100％なのは不自然です。そうだとしたら宗教かファシズムだと思います。

　　それを前提とした上で，どうしたいと思っているのか？

　　『学び合い』を全ての教師が理解する必要はありません。ただ，『学び合い』を理解している人と繋がれたならば，問題ありません。そのためには一定数以上の理解する人が必要です。本書はそのような人のための本なのです。

『学び合い』は同調圧力なのか

『学び合い』は同調圧力だと言う方がいます。

しかし，同調圧力がかからない社会がこの世の中にあるでしょうか？

絶対にありません。なぜなら，ホモ・サピエンスの生存戦略であり，本能に組み込まれているからです。

生物のほとんどは極めて紋切り型の行動をします。多くの方は蝶の幼虫は葉っぱなら何でも食べると考えています。しかし，多くの蝶の幼虫は，特定の植物の葉を食べて成長します（「食草」と言います）。例えばウスバシロチョウの幼虫はムラサキケマンという植物の葉を食べて成長します。従って，ウスバシロチョウの成虫はムラサキケマンという植物の見つけ方を知っていて，そこにタマゴを産み付けます。幼虫は，ムラサキケマンという植物の食べ方を知っていればいいのです。このような定型的な生き方の場合，DNAの中に行動を埋め込めばいいのです。

ところが，ホモ・サピエンスは極北から熱帯，砂漠から水上にまで生活しています。このような多種多様な環境での生き方をDNAには組み込めません。そのため，「その環境で生きている同種と同じことをする」という至極単純なルールをDNAに組み込んでいます。この本能に違和感を持った時に「同調圧力」と感じるのです。

もう一つ確認したいことがあります。

教育は「洗脳」です。

ようは大多数の人が持っている規範に洗脳することを教育と呼ぶだけのことです。

「ウェイヴ」という映画やテレビ番組があります。視聴するに足るものだと思います。そこでは教師が独裁国家のように支配し始めるのです。やがて，子どもは独裁を受け入れ，独裁を喜ぶようになっていく過程が示されています。

　さて，『学び合い』は集団によって子ども達を導きます。そのため「「ウェイヴ」のようだ」と言われることがあります。しかし，決定的なところが違います。

　それは集団の規律を目的としていない点です。あくまでも個人の利害を実現することを優先しています。例えば，「一人も見捨てない」ことは良いことだからと説明するのではなく，得だからと説明します。

　そして，「一人も見捨てない」に反する行動をしたとしてもペナルティを課しません。なぜなら，「一人も見捨てない」に反する行動は自分に対してペナルティを課している（つまり自分が損している行動）と考えるからです。問題解決の方法として個人を攻撃・排除という手段をとりません。つまり，人と長い時間をかけて折り合いをつけていくのです。

　おそらく，この2点が『学び合い』と「ウェイヴ」の決定的な違いだと思います。これは『学び合い』の考え方が分かるか否かの試金石ですね。前者は学校観に対応しますし，後者は「一人も見捨てない」という願いに関わることです。

7 人と関わることが苦手な子に 『学び合い』を強いていいのか

　人と関わることを極端に嫌がる子はいます。「その子に対して『学び合い』を強いることは正しいことだろうか？」と問われることがあります。人との関わりを強制すれば，その子はとても辛いでしょう。最悪，不登校になる危険性はあります。そのため，上記の危惧は当然のことでしょう。

　しかし，じゃあ，その子がそのまま人と関わることを嫌い続けたとします。その子は大人になってまともな生活が出来ますか？幸せになれますか？絶対に否です。教師の視点が，自分の目の前に限られているならば，「その子どもが人と関わらないことをよしとする」ことは，その子どもにとっても，何よりもその教師にとっても幸せです。しかし，視点を子どもの生涯にすれば，人と関われるようにすることが教育です。

　『学び合い』では自然と人と関われるようになれます。なぜでしょうか？それは『学び合い』は学び合うことが目的ではないからです。

　場面緘黙の子がいました。ある子が近づいて「分からないとこない？」とニコニコ話しかけます。しかし，無反応です。そんなことを繰り返すうちに，数人の子どもが机をその子の机とくっつけ始めました。その子は相変わらず無反応です。しかし，それを意に介さずニコニコと話しかけ続けます。遠目には仲良く学び合っているように見えます。

　そのうち，無言ですが頷いたり，首を振ったりして意思表示をするようになりました。そうすると，一層周りの子がニコニコと話しかけます。やがて単語を喋るようになりました。さらに　「その子」の周りに集まる子どもの多様性と数が増えるようになります。やがてその子はクラスのみんなと話せ

るようになりました。ただし流暢ではありません。しかし，たどたどしくても，その子が何を言いたいのかは周りの子どもは分かるようになったのです。

　もしかしたら，その子が社会に出た時にコミュニケーションのことで悩み続けるかもしれません。しかし，その子は自分とコミュニケーションできる仲間を得たのです。

　この子に『学び合い』を「強いた」ことはいけないことですか？

　『学び合い』には希望があります。しかし，従来型授業には希望はありません。

　教科担任制の場合，『学び合い』を全校レベルで実践することは出来ます。少なくとも学年レベルでは可能でしょう。しかし，学級担任制の小学校の場合，担任が非『学び合い』であるならば，救いはありません。

　我が研究室の学生は多種多様な学校に関わります。その中で『学び合い』だったら救える子どもと関わります。ゼミ生から「先生，どうしたらいいでしょうか？」と聞かれると，「そのクラス，その子どもに責任を負っているのは担任の先生だ。お前がどう思おうとそれは変わらない。諦めなさい」と言います。そうすると泣き出すのです。私は「今，流した涙を忘れるな。それが出来れば，君は多くの子どもを救うことが出来るよ」と言います。

　これは教師にとっても同じです。例えば，交流学級（従来型授業）で辛い子どもがいることを知っている特別支援学級の担任（『学び合い』の実践者）から相談を受けることがあります。私は「あなたが出来ることは一条校ばかりが学校でないことを伝えなさい。今は，フリースクールや広域通信制がある。そういう選択もあることを伝えなさい。それを選択するか，しないかは子どもと保護者が決めること。」と言います。そうすると「一条校に勤めている私がそんなことをしていいのでしょうか？」と聞かれます。私は「組織を守ることと，子どもを守ることの，どちらを優先したいの？」と言います。

8 荒れている学級で 『学び合い』は出来るのか

　「『学び合い』はクラスとしてまとまっているならば出来ますが，荒れているクラスでは出来ませんよね」と言われます。苦笑します。そして以下のように言います。

　「荒れているクラスで『学び合い』を始めるのは大変かもしれません。では荒れているクラスで，担任が出来ることは何かありますか？担任が何かすればするほど重篤になりませんか？荒れているクラスの荒れの対象は教師であって，子ども同士ではありません。ならば，子どもを前面にして荒れを解決する方に可能性があると思いませんか？」

　私の研究室に所属した現職院生が修了後に赴任する学校・クラスの荒れが酷く，なんと指導主事ではなく，義務教育課長が頻繁に学校に行くほどのところでした。子どもはもちろん，保護者もそっぽを向いている状態です。院生は沈痛な面持ちで「どうしたらいいでしょうか？」と聞いてきました。私は黙っていましたが，我慢しきれず大爆笑しました。そうしたら院生も大爆笑しました。荒れているクラスは大歓迎です。いともたやすく解決します。

　先に紹介したように「飛び込み授業」というのを私やゼミ生達がやっています。その学校で一番荒れたクラスに入り，2時間でクラスを激変させるのです。信じられないですよね。先に紹介した『学び合い』における集団の構造を理解している人だったら，現場経験の無いゼミ生ですら解決できます。

　多くの教師が誤解しているのはクラスが荒れている原因は，暴言や暴力をしている子どもにあると思い，その子を押さえつけようとして失敗します。原因は違います。実は，荒れる前は学習面でも生活面でもクラスをリードしていた2割弱のイノベーター・アーリーアダプターの子どもが学校・担任を

見限ったのが原因なのです。その子達が教師・学校を見限ったので，６割強のマジョリティの子ども達が安心して反発します。８割強の支持を得ているので，２割弱の子どもの暴言・暴力が暴走してしまっているのです。

　以前だったら学習面でも生活面でもクラスをリードしていた２割弱のイノベーター・アーリーアダプターの子どもが教師・学校を見限ったとしたら，それは極めてまっとうな理由があります。小学校における代表的な理由は恣意的で一貫しない指導です。小学校低学年の場合，そのような指導でも子どもは従います。ところが高学年にそのような指導をすると，リードする子どもが混乱し，やがて「勝手にして」とリードするのを放棄します。そして，クラスに３人以上の賢い子どもがいる時に反乱が起こるのです。そのリードする子ども達は，今の状態は自分にとって損であることを知っています。しかし，担任に従うともっと損であることも知っているのです。例えば，全職員が校長を見限るとしたら，それは活動家教員の発言が原因ですか？それとも人望のある中核教員が見限るのが原因ですか？どちらだと思いますか？

　だから解決は簡単です。陳謝し，仕切り直し，行動を一貫するのです。ＯＢは最初のクラス開きでは「一人も見捨てない」を大事にすることを言いました。子ども達はお手並み拝見です。『学び合い』の開始後，その教師の言動が一貫して信頼に足ることを見取ると，リードする子どもが学習に取り組みます。その様子をマジョリティの子ども達が見ると勉強し始めます。あっという間に８割強の子どもが学習に取り組むようになります。今まで暴言・暴力をしていた子どもは呆気にとられますが，静かにならざるを得なくなります。まさに「飛び込み授業」で起こる現象です。

　そのクラスを卒業させた後に，「私の教師人生で最高のクラスでした」と言っていました。そりゃそうです。教師に反乱出来るほどの子どもが複数いるのですから。エネルギーの方向を変えれば，最高のクラスになります。

9 『学び合い』で本当にイジメはなくなるのか

　私が大学でイジメに関する講義をする際，最初に以下のように話します。

私：イジメはダメで，解決すべきだよね。
学生：（頷く）
私：皆さんの中でクラスのイジメを全て無くせると思う人は手を挙げて。
学生：（誰も手を挙げない）
私：イジメは無くならないと思っている教師の下でイジメは無くせると思う？無理だよね。つまり教師にならんとする君たちは，何が何でも，イジメは無くせるという確信を持つべきだ。それを今日は話します。

　私はイジメを無くせると確信しています。イジメは生物学的に不自然です。動物行動学のローレンツの『攻撃』（みすず書房）という本を読めば明らかなように，生物は自己保全，種の保全に関わらない時に攻撃はしません。ライオンも腹が満ちれば襲いません。だから，腹の満ちたライオンの周りには，キリンやシマウマが安心して草を食んでいます。無意味な攻撃には危険があります。そのような無駄な行動をする個体は淘汰されます。

　では，なぜ，イジメが起こるのでしょうか？おおよそ2つ理由があります。
　第一は，子ども達が競争的関係に置かれているために，他者への攻撃が自分に優位になるからです。ドイチェという研究者は競争と協同を分けています。彼によれば，両者の決定的な違いは，競争の場合は，一部のメンバーにしか達成出来ない目標を与えていることを指します。例えば，相対評価の通

知票で「5」を取ろうという目標がそれにあたります。この場合，誰かが目標を達成するということは，誰かが目標を達成出来ないということと同値です。一方，協同とは，全員が達成出来る目標を与えていることを指します。例えば，絶対評価の通知票で「5」を取ろうという目標がそれにあたります。競争的な関係になれば他者を攻撃する意味が生じます。また，教師が人気者になることによって，その教師の関心を奪い合う関係になってしまうことがあります。

　第二は，固定的な人間関係です。関係が固定化することで，特定の相手からのデメリットが積み重なり，攻撃対象となります。大学の学部の時の同級生の中で，仲良しの２人がいました。その２人が下宿代を抑えるために共同生活を始めました。数ヶ月で大げんかして，別々に住むようになりました。

　思い出してください。小・中・高においてイジメはあったとしても，大学ではイジメはなかったと思います。あったとしても部活・研究室という閉ざされた集団の中であって，講義室ではなかったと思います。理由は，班のような固定的な集団を強制されないからです。

　淘汰において生き残る生物は無意味な競争を避けるために，共生的な関係を同種・他種の個体と結びます。それが出来ない場合，「棲み分け」によって距離を保ちます。

　振り返って『学び合い』を思い出して下さい。『学び合い』の課題は常に「全員達成」の協同です。教師は前面に立つのではなく，子ども達の関係が中心となります。

　また，固定的な班のような縛りはなく，自由に関係を結べます。一人でいることも出来ます。

　以上のように生物学的に不自然な要因を排除すれば，イジメは生じません。

10 『学び合い』で本当に不登校はなくなるのか

　不登校に関して大学で講義するとき，最初に「あなたが担任するクラスに不登校の子どもがいます。どのように解決しますか？」と質問し，学生さん達は相談し始めます。その後，解決策を発表させると似たり寄ったりです。つまり，情報収集をして不登校の原因を特定し，子どもや保護者と面談して解決するというものです。

　しかし，細かな原因はさておいて，原因の第一は，クラスに自分の居場所が無いことであることは自明です。だから，教師がいくら面談しても解決には至りません。それだったら子ども達が面談した方がいい。しかし，教師に言われて面談したとしても，それは直ぐに「その子」にバレてしまいます。だから，教師がすべきことは「その子」が教室に戻ることの意味を語り，クラスをリードする子どもを納得させることなのです。

　従来型授業の実践者の場合，ほぼ100％は道徳的に語るでしょう。しかし，人が継続的に行動変容するためには，得がなければ続きません。

　さて，「その子」が教室に戻るメリットは何でしょうか？教師にはあっても子どもにはないかもしれません。いや，その子が不登校で居続ける方がメリットのある子どもも一定数いるはずです。だから「その子」は不登校になったのです。

　『学び合い』の実践者だったら語れます。「一人も見捨てない」ことを目指して，集団が本気でそれを目指すと，居心地はより良くなり，勉強はよりよく分かるようになることを目の当たりにしているからです。

　ある小学校教師から聞いた話です。新しい学年を担任した時，そのクラスには数年前からの不登校の子がいました。そのクラスで『学び合い』を実践

し始めました。最初は不登校の子どものことは触れず，全員達成はクラスにいる子どもを単位として評価していました。その中で，「一人も見捨てない」ことを集団が本気で目指すと，居心地はより良くなり，勉強はより良く分かるようになることを実感するようになります。そんなある日に以下のように語りました。

「今，教室には28人いる。今日もかなり難しい課題だったのにも関わらず全員達成をした。凄いことだと思う。しかし，先生の出席簿には29人の名前がある。ということは，もしかしたら，このクラスは本当の意味での全員達成をしていないのかもしれない」と。それ以上は語らず，その日の授業はそこで閉めました。

その後，子ども達はゴチャゴチャと集まり，相談しました。最初にやったのは不登校になる前に交流のあった子どもが中心となって数人で「その子」の家に遊びに行きました。その回数が増えて，色々な子が遊びに行くようになりました。やがて保健室に登校するようになりました。そうなると，休み時間はそのクラスの子どもが大挙して遊びに行き，保健室がたまり場のようになりました。ある日，ある子が保健室にいるその子に，「一緒に勉強しよう」と誘ったのです。しかし，その子は教室に入った途端に全員の視線が集まることを恐れてためらっていました。しかし，「大丈夫」と言われ，恐る恐る教室に入りました。

『学び合い』でゴチャゴチャしているので，直ぐには気づきません。しかし，気づいた子が「あ，○○ちゃん，来たの。こっちに来て一緒にやろう」と誘ったのです。その後，気づいた子はニコッとしますが自分たちの『学び合い』に集中し続けました。教師もことさら戻ったことを取り上げませんでした。そして，その日以降，その子は普通に登校するようになったのです。

不登校になる原因は多種多様です。それぞれに対応したらキリがありません。『学び合い』においては解決策を考えるのは子どもです。教師のすべきことは解決することの「得」をクラスをリードする子に納得させることなのです。これは，教師の腹が問われます。

11 『学び合い』が出来ないクラスはあるの？

「『学び合い』が出来ないクラスはありますよね」や「教科の特性として『学び合い』が出来ないですよね」というような質問を受けることがあります。大抵は学校で『学び合い』に取り組んでいる学校の研修会や，私の講演会の直後の懇親会で聞かれます。この質問をする方は，やりたくない自分を合理化したいのです。

出来ないクラスはあります。それは，「クラスが数人以下」，「全ての子どもが自閉症」，「他の集団との合同『学び合い』が出来ない」という３条件が成り立った場合です。日本にそんなクラスあります？以前，小規模僻地校で学年が３人で，そのうち一人が自閉症のクラスがありましたが，合同『学び合い』では問題なく『学び合い』は出来ました。

「数学や理科のように答えが一つの教科は『学び合い』は出来ますが，国語は答えが一つではないので『学び合い』は出来ませんよね」と言われる国語の先生がいます。しかし，テストにおいては国語も答えは一つです。だから，テストに出す課題を『学び合い』ですればいいだけのことです。

当たり前のことを言います。教育には目標があります。それが無ければ，教育ではなく遊びです。それを達成するために授業があり，達成したかを評価します。つまり，「目標＝授業＝評価」であるべきです。そうですよね？

評価は何でやっているかといえば，テストです。だからテストの点数を上げることが目的なのです。と，言うと「いやテストだけではありません」と言われる方がいます。私は「それは何ですか？」と聞くと，例えば，「深い読み」と言われます。私は「なぜ，それを評価しないのですか？」と聞くと，「評価が難しい」と言われます。私は「その結果，評価しないのですね。と

いうことは，評価しなくてもいいとお考えだということです。つまり，その程度です。だったらとりあえずテストが目標だと考えて下さい。もちろん，深い読みを完全否定しません。しかし，テストごときの点数がとれないならば，深い読みは不可能です。クラス全員がテストの点数を上げられたら，クラス全員で深い読みを求めることが出来ます」と言います。

　もちろん，『学び合い』が軌道に乗るまでに時間のかかるクラスや教科はあるかもしれません（私はそう思っていませんが，100歩譲って）。しかし，教師が求められることは膨大です。それを自分一人で担うのと，子どもでも担える部分は任せるのと，どちらが「まし」でしょうか？

　私は全国の『学び合い』の実践者からのお悩み相談を受けています。相談者の中には『学び合い』がいかに困難で，成果が上がらないかを延々と言われる方がいます。その方には「だったら『学び合い』をやめたらいいですよ。もし，あなたが従来型授業をした方がいいのなら，やめましょう」というと，自身の従来型授業よりは『学び合い』の方が「まし」であることに気づきます。『学び合い』が簡単であるとは言いません。しかし，従来型授業より「まし」であることは確かです。

　ただし，『学び合い』を成立させるには，クラスをリードする２割弱の子どもに乗ってもらう必要があります。その子ども達は大人の腹を読むことに長けています。短期的に結果を出さなければならないというわけでない，『学び合い』を本当にやりたくて，『学び合い』が出来ないクラスはありません。でも「今のところ『学び合い』が出来ない教師」はいます。

　私のところに，『学び合い』によって学校や市町村を変えたいと願う校長や教育長が来ます。その人達に「『学び合い』を強いないで下さい。」と言います。大抵，ビックリされます。「『学び合い』は心でやるものです。その心のない人は実践できません。強いれば，失敗します。そしてその失敗を『学び合い』のせいにします。強いなくても，周りの先生が成果を上げれば，変わる先生は変わります」と申します。

12 子どもは教師を どう思っているか

　『学び合い』が成立しているクラスの子どもに，勉強に役立つのは友達，教科書，教師のどれ？と聞くと，迷わず，友達＞教科書＞教師と応えます。『学び合い』のクラスでは，子ども達は先生を「勉強を教えてくれる人」とは思っていません。

　では，どう思っているのでしょうか？

　『学び合い』のクラスにおける教師の立ち位置は校長です。子ども達は教師の立ち位置にいます。子ども達の中には先輩教師や若手教師もいます。従来型授業においては，教師の立ち位置は先輩教師で，子ども達は全員，新卒教師の立ち位置なのです。

　仮に皆さんが，「授業のことで役立つのは，同僚，本，校長のどれ？」と聞かれたら，同僚＞本＞校長と応えるはずです。もし校長がトップだったら，異常ですね。それと同じです。

　私の勤務する上越教育大学には全国から若手・中堅の教師が集まります。その方々に，良い校長とそうでない校長の特徴を聞きました。その結果，良い校長の特徴は，『学び合い』と一致しているのです。なお，それは先に紹介したリッカートの研究結果と一致しています。

　つまり『学び合い』において子ども達は教師を，あなたが良いと思う校長と同じように思っているのです。良いと思われる校長の特徴の一つに「みなさん」という言葉を使います。一方，そうでない校長の特徴は「あなた」という言葉を使います。前者は一対集団の関係で，後者は一対一です。

先に述べたように，従来型授業における教師と子どもの関係は，先輩教師と新卒教師の関係です。あなたが新卒だった頃の先輩教師を思い出して下さい。おそらく「優しい／厳しい」，「面白い／面白くない」，「愛嬌がある／無愛想」といった感覚を持ったと思います。距離感的には近い関係です。しかし，良い校長の場合，上記のような感覚はほとんどなかったと思います。一対集団の関係なので，距離感が一定以上ありますから。

　リッカートの研究によれば，業績を上げ続けている研究室を主催する大学教師の特徴として，「指示はしないが興味を持っていて面白がっている」というものがあります。

　良い校長は職員全体に一定の方向性を示します。一部職員からの反発があっても，方向性を示さなくてはなりません。そうすれば，リードする職員は「校長が言うから」と言って周りの職員を説得します。そうでない校長は，校長室にリードする職員を来させ，自分の意向を個人的に伝えます。その結果，リードする職員は，自分がその方向性を言わなければなりません。

　『学び合い』における教師を子ども達は，「大きな方向性を示す人」，「自分たちを信頼し任せてくれる人」，「何かあったら責任を負ってくれる人」，「必要な予算や交渉をしてくれる人」と考えているのです。

【参考文献】
・伊藤善隆，西川純（2013.4）：校長の交代に伴うリーダーシップの変化が職員集団の人間関係に及ぼす影響，教職員・業者へのインタビュー調査を通して，臨床教科教育学会誌，臨床教科教育学会，13（1），12-25
・林友理，西川純（2013.4）：学校長と職員集団に関する研究，学校長の集団と個人に対する働きかけに注目して，臨床教科教育学会誌，臨床教育学会，13（1），53-63

13 『学び合い』の評価はどうするのか

　タイトルの質問を受けた時，最初は「キョトン」として狐に鼻を摘ままれた気になりました。「何聞いているの？」と思ったのです。『学び合い』であっても，成績はテストの点数で出せばいいだけのことです。

　しばらく聞いていると，「『学び合い』自体をどのように評価するかが分からない」という意味なのです。先に述べたように絶対に学び合ったか否かで評価してはいけません。例えば，学び合ったか否かで20点の加点をするとしたら，学び合うことの価値が20点レベルの価値になります。学び合うことの意味は，異次元のレベルの価値があるのです。『学び合い』の評価は子ども達の生涯で評価されるものだと思っています。

　私は教師による評価に意味はないと思っています。

　なぜなら，脱工業化社会では，個別最適化した知識・技能が必要とされます。「今のところ」，規格化した知識・技能は高校入試，大学入試に関しては有効です。しかし，その高校，大学を卒業することによって豊かな生活は保障されていないのです（詳しくは「学歴の経済学」（学陽書房）をお読み下さい）。意味があるとしたら，それを獲得する過程で，多様で多数の仲間を獲得できることに意味があります。

　もちろん，子ども達が大人になったとき必要とされる知識・技能はあります。しかし，一人一人は異なります。その全てに一人の教師が対応できるわけありません。では教師は何をすべきでしょうか？

　教師は子どもが長期にわたって，子ども自身のキャリアデザインを持てるように育てなければなりません（詳しくは「アクティブ・ラーニングによるキャリア教育入門」（東洋館出版社）をお読み下さい）。そうすれば，子ども

達は自分自身を評価するようになります。もちろん，全ての子どもがそれを可能になるとは思いません。先に述べた『学び合い』の学力観に照らしてみれば，それが出来る人を含む集団の一員になればいいのです。

　とはいえ，宮仕えしている我々は，勤務先のルールに従わなければなりません。従って下さい。大事なことは，「どうでもいいことは，適当にやればいい」のです。

　以前，ある政令指定都市に勤務する先生から評価のことで相談を受けました。その市では毎時間ごとに各児童に対して40項目の評価をするとの通達が来たそうです。私は大爆笑しました。だって，30人のクラスだったら1200の評価を毎時間ごとにやらねばなりません。笑いながら「やれる？」と聞けば，首を振りました。「そうでしょ。無理。あなただけでなくみんな無理。従って，やったふりのルールが生まれるよ」と言いました。勤務校のルールがそこそこの時間で可能ならば，それに従いましょう。無茶なルールならば，最低限抑えるべきところを確認し，それ以外はやらないことです。

　受験の関係で相対評価をすることを求められることがあります。『学び合い』で全員達成しているクラスだと，それが出来ません。これも，それほど重要視せず，適切（つまり適当）にやりましょう。先に述べたように従来の学歴モデルは崩れていますから。

　本書はかなり本音で，過激なことを書きました。「そりゃ無理だよ」と思われる方もおられるでしょう。その方のために，一言。

　テストの点数で淡々と成績を出せばいいのです。もし，情意領域等の評価を求められたら，「規準」を子どもに提示し，子どもが「基準」をつくり，自己評価させます。これを『学び合い』でやれば，おそらく学習指導要領に最も合致した評価が出来ます。詳しくは，「アクティブ・ラーニングの評価が分かる」（学陽書房）をお読み下さい。

14 受験指導で『学び合い』は出来るの！？

　「受験勉強で『学び合い』は出来るのか？」と問われることがあります。もちろん，出来ます！

　至極簡単なことです。受験勉強で一番大事なことは何だと思いますか？参考書でしょうか？問題集でしょうか？塾・予備校でしょうか？

　否です。

　一番大事なのは，本人が志望校に入りたいと願うことです。その願いが強ければ強いほど，長く勉強し続けることが出来ます。効率のいい勉強法はあるかもしれません。しかし，凡人にとっての最善の方法は，物理的に長くやり続けることです。だから，願いが大事です。

　しかし，意志を保ち続けることは困難です。どうしたらいいでしょうか？

　私は学生（他研究室を含めて）の中で誰が教員採用試験に合格して，誰が不合格になるかをかなり正確に予想することが出来ます。見分け方は簡単です。学生控え室や図書館にふらりと行ったときに，いつも見かける学生は合格します。自室で勉強している学生は不合格になる確率が高いです。

　仲間が勉強している姿を見れば，遊びたい気持ちが抑えられます。また，参考書を見ても分からない部分を，分からないと思った途端に聞けるのです。

　受験は団体戦です。

　ちなみに異学年『学び合い』は最高の受験対策です。中学校１年，２年，３年が一緒に学べば，３年生から受験の大変さを聞くことが出来ます。必ず「早く始めれば良かった」と言われるでしょう。高校入試に関して，その合

否を決めるのはいつ開始したかです。「２年生の時から」，「３年の１学期から」，「３年の夏休みから」，「３年の２学期から」のいずれかで合否は決まります。だから教師も口を酸っぱくして言いますが，教師の言葉より，一緒に学んでいる先輩からの「早く始めれば良かった」は100倍以上の効果があります。事実，驚異的な受験成果を上げた中学校を私は知っています。

　しかし，「中学校３年は無理ですよね」と言う先生もいます。内申点が高校入試に関わります。同級生はライバルでもあります。その場合，私だったら以下のように伝えます。

　「君らにとっての高校入試のライバルは誰だ？クラスや学年は内申点を争うライバルとも言える。しかし違う。君らのライバルは，この学区全体の３年生だ。さて考えて。内申点を思って足を引っ張り合っているクラスの子と，みんなで協力しているクラスの子とどちらが合格するだろう。富士山がなぜ高いか分かるか？それは裾野が広いからだよ。みんなが高まることで己も高まることが出来る。」

15 『学び合い』は生活に転用できるのか

『学び合い』は生活に転用できるのか？と聞かれます。

もちろん，出来ます。ゼミ生には私を例にして説明します。

「西川研究室が膨大な学術論文を生み出せる理由は何だと思う？粘土で一千万円のツボを創れるのは天才だけだ。しかし，一千万円の金塊でツボを創れば，誰でも一千万円のツボを創ることが出来る。子どもに密着したデータというのは得がたいものだ。我々は子ども全員，そして教師の首にICレコーダーをぶら下げて，教室に３台以上のビデオカメラを設置して，全てを記録する。それを３ヶ月から数年にわたって記録し続ける。こんなデータを得られる研究室が日本中にどれほどいるだろう。そのような研究を頼める教師の数の多さはおそらく日本でトップだろう。そして西川研究室がチームとして学術論文を量産する。だから膨大な業績を上げることが出来た。」

また，こんなことも話します。

「私は日本の教育研究者の中で，教師用図書を最も多く書いた人の一人だよね。なぜ，そんなことが出来たのだろう。それは手伝ってとお願いしたら，「はい」と「イエス」と「喜んで」と言う人たちが一杯いるから。だから，小学校，中学校，高等学校の様々な教科で本を書くことが出来た。」

「西川先生は何で学校現場の内部のことを知っているのですか？と聞かれることは多いよ。まるで職員室に隠しカメラが設置されているようだと言われることもある。そのようなエピソードは私の本の中にちりばめられているから，普通の大学教師の本とは味わいが違う。私が様々なエピソードを知り得たかは，現場の先生から自然と流れてくる「ここだけの話」が多いから。

私を信用しているから明かしてくれるエピソードは貴重だよ」

　以上の結果として，私は上越教育大学の教授昇任最年少記録を実現しました。その後も特別昇給を続けたので，これまた最年少記録で教授の号俸の上限に達しました（上限に達する人はほとんどいません）。

　さらに，上記の結果として給料の他に，かなりの副収入を得ることが出来ます。それは退職後も続きます。その結果，老後の不安が無いことを「自慢」します。

　それでいて，自由な時間が多く，家族と楽しく生活していることを「自慢」します。

　私の幸せの源泉は多様で多数の仲間なのです。これは教師の方にとっても同じだと思います。多様で多数な仲間を得たならば，公務員といえども経済的に有利になります（後述する投資）。また，時間的な余裕も生まれます。

　私の獲得の方法は後述する「反復囚人ジレンマ」で説明します。しかし，ここで簡単に言えば，どんな人に対しても，家族に迷惑をかけない範囲で出来るだけ誠実に対応することを繰り返しただけなのです。ただし，それを三十年以上続けた結果なのです。

　私が幸せそうなのを「自慢」することによって，何十年間も無理の無い範囲で人に誠実にし続けることは「得」だと伝えているのです。

　同時に，『学び合い』の適応範囲も教えています。『学び合い』は一対集団の理論です。一対一の関係では使えません。それに関しては，後述するアドラー心理学を薦めます。伴侶や子どもに対しては「愛」が基本であることも伝えています（つまりノロケや親馬鹿を通してです）。

　私は教師がノロケや親馬鹿を子ども達の前で言うべきだと固く信じています。なぜなら，教師は子ども達にとって大人のモデルです。教師が楽しそうならば，大人になりたいと思いますから。

　教え子の結婚式での祝辞は同じです。「人の幸福を喜べるように，自分が幸福になりなさい。それは義務です」と。

16 『学び合い』に固定的な組織が無いのはなぜか

　学びの共同体の本の中には，4人班が最適だと書かれていました。ところが，その根拠がどこにもないので不思議でした。我々は実証的な学術研究の結果として，最適な人数は固定的ではないことを明らかにしています。

　子ども達が集団を自由に形成できるとき，2人程度で「教え／教えられる」関係を選びます。ところが，何かをつくる，確認する場合は，4，5人になります。初期は人数が多ければ多い方が良いと思い，10人ぐらいのグループをつくりますが，トライアンドエラーの結果，4，5人レベルに落ち着きます。そして，課題の目的を確認する場合は，クラス全員で話し合います。

　先に述べましたが，経営学にはトランザクティブメモリーという考えがあります。これは組織の中の誰が，どんなことが得意かという知識です。これが共有されている組織のパフォーマンスは高いことが知られています。『学び合い』のクラスにおいても，「このことに関しては○○さん，あのことに関しては△△さん…」というようなトランザクティブメモリーがあります。それに人の相性もあるので，別の子は「このことに関しては□□さん，あのことに関しては××さん」というトランザクティブメモリーがあります。

　一番分かっている人が最適な教え手というのは，ナイーブ（素人的）な誤解です。認知心理学のエキスパート・ノービス研究によれば，両者の認知的距離が適切である時に学びは成立するのです。距離が離れすぎると，両者のコミュニケーションは成り立ちません。専門家の話が分からないのは，これが理由です。

教師や勉強が出来る子は，勉強が出来ない子と学習に関してコミュニケーションが成立しないのです。勉強が出来ない子を教えられるのは，勉強がちょっと出来ない子です。勉強がちょっと出来ない子を教えられるのは普通の子です。普通の子を教えられる子はちょっと勉強が出来る子です。ちょっと勉強が出来る子を教えられるのは勉強が得意な子です。そして，更に言えば，教え方の相性もあります。

　子どもの状況は時々刻々と変化して，その時々の最適な関係を動的に形成しているのです。こんなこと教師がコントロールできるわけありません。そして，コントロールする必要もありません。

　水蒸気における水分子の挙動を個々の分子レベルで予想しコントロールすることは不可能です。しかし，個々の分子間に凝縮力が生じれば，集団としての挙動は予想しコントロールできます。だから幼稚園児でもコップの水を飲むことが出来るのです。

　個々の子ども同士が凝縮力を持てば，集団としての挙動は予想できるしコントロール出来ます。

　教師が子ども達の組織を設定すれば，仮にその意図がなくても，子どもは自分たち自身でコントロールすることに制限がかかります。だから，『学び合い』では固定的な組織はつくりません。組織は個々の子ども達の関係性の中で生まれるのです。

　後述しますが，西川研究室には組織があるようなのですが，私はそれを知りません。そして，それで問題ないし，いや，それだから成果を上げ続けることが出来るのです。

　学校現場で班を形成し，その中にはリーダー性の高い子を含ませようと頭をひねっている方がいます。私から言わせれば，集団の構造を甘く見すぎています。「あなたに最善のグループ分けが出来ることを保障する学術的根拠はありますか？」と聞きたくなります。

17 自由進度学習と『学び合い』

　中央教育審議会が2021年1月に出した答申「令和の日本型学校教育の構築を目指して」で示された「個別最適な学び」と「協働的な学び」を実現する先行的な実践として注目されている学習スタイルの一つが自由進度学習です。この答申以降，『学び合い』と自由進度学習との関わりが問われることが多くなりました。

　結論から言えば，本格的な『学び合い』研究を開始した1997年から，つまり四半世紀以前から自由進度学習をやっていました。子どもの能力を信じている『学び合い』は自然に自由進度学習になります。

　世の中にある"学び合い"には様々な実践があります。班学習，グループ学習，バズ学習，最近だとアクティブ・ラーニングもその一つでしょう。子ども同士が関わる学習だと考えれば，その範囲は膨大です。おそらく日本の学校の研究テーマで最も使われる言葉は"学び合い"だと思います。自由進度学習も"学び合い"の一つです。

　様々な"学び合い"と『学び合い』の違いを聞かれることがあります。その場合は，私が4つに"学び合い"を分類していることを話します。

　世の中の"学び合い"は大きく分けて，「手段としての"学び合い"」と「目的としての"学び合い"」に分けられます。「手段としての"学び合い"」とは，何らかの目的を達成させるために手段として"学び合い"を利用する実践です。一般の学校で行っている"学び合い"はほぼこれです。つまり，"学び合い"という言葉が用いられるとき，約9割は「手段としての"学び合い"」です。

　「手段としての"学び合い"」は大きく分けて，「学力向上のための"学び

合い"」と「人間関係向上のための "学び合い"」に分かれます。

「学力向上のための "学び合い"」の代表的なものは，ミニティーチャーがあります。一人の教師では対応できない個別対応を，子どもと一緒にやろうとするものです。

「人間関係向上のための "学び合い"」の代表的なものはクラス会議があります。また，佐藤学先生のお考えとは違うと思うのですが，荒れた中学校に導入される学びの共同体も「人間関係向上のための "学び合い"」です。多民族国家のアメリカで人種間の壁を崩そうとしたジグソー法も含まれます。

この手段としての "学び合い" の問題点は，ある一定以上の成果が得られると，学力向上と人間関係向上のどちらを優先するかで先生方の意見が割れるようになります。

もう一方の「目的としての "学び合い"」とは，"学び合い" 自体が目的となっています。よりよい "学び合い" が成立すれば，コインの裏表のように，学力向上と人間関係向上が不可分に達成できると考えるのです。

この「目的としての "学び合い"」も２つに分かれます。一方は，子どもの能力は限界があると考え，教師の指導力に重きを置くものです。代表的なのは学びの共同体とジョンソン＆ジョンソンの協同学習です。これらは綿密な手立てによって組み立てられ，教師の力量を前提としています。

他方は，教師の指導力には限界があり，子ども同士の関わりに重きを置くものです。その結果として，手立てはシンプルで最小限度に抑えられます。『学び合い』が代表格です。『学び合い』の手立てがシンプルで最小限度なので，従来型授業の実践者には「何もしていない，丸投げだ」と言われてしまいます。

上記の視点に立てば，様々な "学び合い" をしっくりと理解することが出来ます。自由進度学習も４つに分類することが出来ると思います。

別な表現をすれば，自身の『学び合い』が学力向上，人間関係向上に偏っていたら『学び合い』ではなくなっているのです。また，様々な手立てを講じ，それを良しとしていたら『学び合い』ではなくなっているのです。

18 アドラー心理学と『学び合い』

「アドラー心理学と『学び合い』は関係しますか？」と言う質問を受けた時，正直ビックリしました。最初に聞かれた時は，アドラー心理学を知りませんでした。その後，アドラーやドライカースの本を集中的に読みました。もの凄く感激しました。そして影響を受けました。

　以前から，ゼミ生個人に対して褒めることに違和感を持っていましたが，その理由を明確に示してくれたのはアドラー心理学です。

　そのアドラー心理学に関しての私なりの整理です。『学び合い』と似たところは多いと思います。でも，違うところがあります。

　アドラー自身はアドラー心理学とは言っていません。個人心理学と言っています。基本的にアドラー心理学は個人対個人に適用される心理学です。特に，実践に応用する場合，それが顕著になります。

　アドラー心理学は子育てに適用される場合が多いと思います。非常に納得する内容です。私も息子に接する時は，アドラー心理学を意識することは少なくありません。

　一方，『学び合い』は子育てに適用できません。なぜなら，『学び合い』は一対集団の理論だからです。もし，ホモ・サピエンスが数十人の子どもを持ち，子育てをするとしたら『学び合い』は適用できますが，ホモ・サピエンスはそのような種ではありません。

　では，学級経営への適用はどうなのでしょうか？

　アドラー心理学では，教師対学習者個人という関係性を数十人分コントロールする必要があります。これは名人級の教師ならば出来るかもしれません

が，普通の教師は無理でしょう。仮に普通の教師が実践すれば，必ずぬけは生じます。教師ならば自覚されていると思いますが，もの凄く手のかかる子どもと，凄くありがたい子どもの名前はよく覚えているのですが，直ぐには名前を思い出せない卒業生がいるはずです。

　その結果として，エコヒイキと思われる危険性があります。

　『学び合い』では数十人の子どもと個別に関係を結ぶことは無理だと考えています。教師は子ども個人と関係を結ぶのではなく，一定の距離を保ちます。子どもが繋がるべきは子どもだと考えます。そして，子ども同士が有機的に繋がった「一つ」の集団になれば，教師はその集団に繋がるのです。

　先に述べたように，気体の個々の水分子の動きを予想し記述することは現代科学でも不可能です。あくまでも統計的にしか記述できません。しかし，凝縮力を持った液体の水分子の集団の動きを予想し，コントロールすることはたやすいことです。だから幼稚園児でも，コップで水を飲めるのです。個々の子どもの言動を予想し，コントロールすることは不可能ですが，凝縮力を持った子ども集団の行動を予想し，コントロールすることは出来ます。『学び合い』の理論や実践論はそこにあります。

　では，アドラー心理学がクラス経営に無効かと言えば，そんなことはありません。アドラー心理学の知見を教師が学ぶのではなく，子どもが学ぶべきだと思います。アドラー心理学を学んだ子ども達を『学び合い』で教師が管理する，そんなことを妄想します。

　なお，『学び合い』は強力ですが，一対一には適用できません。だから，夫婦関係，子どもの数が少ない現代の親子関係には適用できません。それに関してはアドラー心理学の方が圧倒的に参考になると思います。

19 イエナプランと『学び合い』

　積極的に学んでいる方から，『学び合い』とイエナプランやサドベリー・スクールとの違いを聞かれます。最初に申しますが，到達したい姿は近いので私は好きです。しかし，あえて違いを聞かれれば，以下のように応えます。

　第一に，『学び合い』は「一人も見捨てない」ということが出発点です。それに対して，イエナプランは理想の教育を目指しています。そこが違うように思うのです。これはサドベリー・スクールにも共通しています。

　第二に，『学び合い』は学術データに基づき構築されていますが，イエナプランやサドベリー・スクールの場合は「そうあるべきだ」というものが先行しているように思うのです。

　イエナプランやサドベリー・スクールで書かれていることは『学び合い』と重なります。しかし，読みながら思うのは，その教育には入れない子どもがちらつくのです。

　例えば，「イエナプラン教育の20の原則」の大部分は民主主義の基本的人権に関わることであり，これはイエナプランかどうかのものではなく，民主国家の公教育のよって立つべき基本だと思います。

　ところが方法論になると「違うな〜」と思うのです。

　例えば「学びの場（学校）では，子ども達がお互いに学びあったり助け合ったりすることができるように，年齢や発達の程度の違いのある子ども達を慎重に検討して組み合わせたグループを作ります。」とあります。省略していますが，この「組み合わせたグループを作る」の主語は教師です。しかし，私の知る限り，最適なグループを作り得る学術的根拠を知りません。『学び合い』の場合は，最適なグループはその場その場で子ども達が形成するもの

だと思っています。

　以降の原則17〜20も，望ましいとは思うのですが，「全員にとって合っているのかな？」と思うのです。（もちろん，イエナプランがインクルーシブであることはよく承知しております）

　サドベリー・スクールなどはそれが顕著で，「子どもは生きていく上で必要のあることは自分で学んでいくことができる」という前提ですが，「そうできない子どもはいる」と思うのです。『学び合い』では有機的な集団に所属する子どもは自分で学んでいくことが出来ますが，個人では出来ない子は多いと考えます。

　『学び合い』の場合は，『学び合い』の基本理念を本当に理解し，行動する子どもは２割弱程度と見切っています。そのことを前提として一人も見捨てられない教育を実現することを目指しております。それが成り立った後に，理想の教育を構築しようと考えています。

　『学び合い』の場合は，一人一人が違うことを前提としています。だから方法の縛りは，極力少なくしています。というのは，全員にフィットする方法はないと考えているからです。従って，学び合わないということも『学び合い』ではOKです。

　以上のような違いがあるものの，共通点が多いのは，その基本としているものが似ているからだと思います。それは人権に関する考え方です。ただ，イエナプランの場合はその原則の１〜10がそれに当てられているのに対して，『学び合い』の場合は「一人も見捨てない」だけなのです。では，その「一人も見捨てない」の見捨てられないものとは何でしょうか？イエナプランでは「価値」であり，「権利」です。その通りだと思います。ただ『学び合い』の場合は，見捨てて欲しくないものは何かを決めるのは本人だと思います。そして，周りがどれだけ見捨てないかを決めるのだと考えています。だからあえて「一人も見捨てない」と簡単に記述しているのです。

　いずれにせよ，入り口は違っても，最終的に到達したい姿は極めて似ていると思っていますし，私は大好きです。

まとめ

　死に直面した患者がどのような行動をするかという研究をしたロスの「悲嘆の五段階説」は示唆に富んでいます。

　第一段階は，その存在を否認し，たいしたことはないと無視します。第二段階は，怒りで攻撃的になります。第三段階は取引です。第四段階は抑鬱です。そして第五段階が受容です。

　『学び合い』も同じです。最初は無視でした。「『学び合い』。あ，新潟の先生の本で読んだことあるけど，でもね～，あれは理想論だよ」と片付けるのが第一段階です。

　2010年頃には第二段階に達したと思います。つまり，このまま進むと自分では制御不能のレベルになりそうなので，とにかく潰そうと思います。が，感情的なレベルなので，つぶし方が稚拙です。笑ってしまったのは，合同『学び合い』において教師がマスクをしていたのを攻撃した方がいます。当時は冬でインフルエンザ防止のためのマスクだったのですが…。

　それから５年以内に，取引の段階に進みました。つまり，前段階は『学び合い』の本を読みもせず，単に感情的に反発していたのが，それではどうしようもないことを理解し始めます。そうすると，『学び合い』の本を読み，セミナーにも参加し，妥協点を探り始めます。

　今は，抑鬱か受容なのでしょうか。本章で紹介した雑音が小さくなりました。しかし，私が「生き方レベルの『学び合い』」を書けば，また，無視から始まるのかもしれません。願わくは，少なくとも『学び合い』の実践者は温かく見守って下さい。私の願いは「授業レベルの『学び合い』」を形成した当時と変わりありません。

4 『学び合い』の真の目的とは？
子ども達の生涯の幸せを保障するために

はじめに

　私は「『学び合い』は面白い授業，分かりやすい授業を実現できますが，それは最終的な目的ではありません」と言います。では，何を目的としているのでしょうか？それは「子ども達の生涯の幸せを保障すること」です。

　しかし，これは抽象的すぎると思われるかもしれません。おそらく，小・中・高で学んだ知識・技能が，子どもの生涯の幸せに繋がると漠然と考えるのが普通です。

　学級担任制で担任が度々替わる小学校の先生方は，1年を単位として子どもの成長を考えます。教科担任制で学年団を形成する中高の先生方は，3年を単位として子どもの成長を考えます。小学校の先生方は，中学生にするのが仕事だと考えます。その後は中学校の先生の仕事だと考えます。中学校の先生方は，高校生にするのが仕事だと考えます。その後は高校の先生の仕事だと考えます。高校の先生方は，進学・就職までが仕事だと考えます。その後は，大学や会社の仕事だと考えます。

　しかし，子ども達の人生は何十年もあります。「人生100年時代」と言われます。では，子ども達が60歳，70歳，80歳，90歳になった時の幸せに責任を負っているのは誰でしょう？漠然と，政府の仕事と思っているのではないでしょうか？

　違います。小・中・高の先生方，特に小・中の先生方の仕事なのです。

　ピンときますかね？

　これが分かった時，『学び合い』の守破離の「離」の段階に至れるのです。「離」の段階に至れば，「守」で学び，獲得し，使った，全てのテクニックは

不要となります。そして，遙かに高いパフォーマンスを得ることが出来るのです。

　本章では，なぜ，教師が子どもの生涯の幸せに責任があるかを説明します。非常に簡単に言えば，子ども達の生涯の幸せを保障するのは，学校で学んだ知識・技能ではなく，学校で獲得した仲間なのです。それも，どれだけ多数で多様であるかがポイントです。さらに，親友のような強い関係が重要ではなく，知人レベルの人との関係が重要になります。

　『学び合い』はそれを全ての子どもに与えられるのです。

　私は高校教師の時，多くの子どもが奈落に落ちるのを見ました。おそらく，小・中の先生は見ることはないでしょう。教師は家庭的にも，本人にもかなりの問題がある子どもを知っているでしょう。しかし，その子達が卒業式で行進する姿を見れば，「やった！」と思います。そして，その後は自分の仕事と考えません。

　高校の教師は退学させることが出来ます。退学させても良いことはないことを分かっているのに，淡々とそれをこなさなければならなかった。私に懐いている子どもと遊んでいる数時間後に，その子がすんなりと退学の手続きをするための手立てをしなければなりませんでした。私の勤務する高校では，後から後からそれをしなければならなかったのです。弱い私は，毎晩，一升以上の酒を呑み，自己憐憫に浸るしかありませんでした。

　あの頃，私は何をすれば良かったかが見えませんでした。しかし，今はハッキリと分かります。退職前にそれに到達できたことが私の喜びです。そして，私よりそれを分かる先生方を増やすことが，私の最後の仕事かもしれません。

1 脱工業化社会

　東芝，サンヨー，ソニーというかつて日本を牽引していった企業が衰退しています。そして，「失われた十年」では止まらず，年数を記録更新中です。なぜ，こんな事が起こったのでしょうか？

　「第三の波」はアルビン・トフラーの代表作です。私が大学院生の時に読みました。既に40年以上経っていますが，私がこれからの社会を考える時の，一貫した指針となっています。

　工業化社会とは，ベルトコンベアの流れ作業によって，安い製品を大量生産するために必要なことが良しとされている社会です。工業化社会の支配コードは，「規格化」「分業化」「同時化」「集中化」「極大化」「中央集権化」です。その結果，教育もこのコードに支配されています。例えば，学習指導要領によって「規格化」された知識技能が，学年・時間割によって「同時化」され，それらを文部科学省や都道府県教育委員会によって「中央集権化」されているのです。

　日本は工業化によって大成功しました。しかし，いつまでも続きません。製品，サービスはコモディティ化します。簡単に言えば，去年のモデルと今年のモデルの性能の差が無くなるのです。そうなると価格競争になります。原材料費に決定的な差はありません。大きな差が生じるのは人件費となるため，中進国，発展途上国との競争で負けてしまうのです。

　だから，今後の日本の進路は，人件費を中進国・発展途上国並みに下げ低価格・大量生産の工業化社会を維持するか，高付加価値・少数生産の脱工業化社会に移行する必要があります。後者に移行するには，脱規格化，脱同時

化，脱中央集権化した人材養成が必要なのですが，現在の教育は，相も変わらず工業化社会のコードに縛られています。

　結果として，企業が欲しがる人材を養成していないのです。そのため，総務省の就業構造基本調査によれば，高校や大学を卒業する人の３割は非正規雇用になっています。非正規雇用の年収は約170万円です。

　今，急激に人工知能・ロボットが発達しています。それによって生産自動化システムへと置き換えるために必要な金額によって非正規雇用の給与は決まります。つまり，人工知能・ロボットが発達し，大量生産化されれば，非正規雇用の給与はさらに下げられる可能性があります。

　多くの教師は教科の知識・技能を得れば，進学の可能性が広がり，幸せに繋がると考えています。かつては，「中卒より高卒，高卒より大卒，同じ高校・大学ならば偏差値の高い方が幸せになる」と考えていました。このモデルは非常に単純で使いやすいので，教師は進路指導に使います。

　偏差値の高くない職業科高校出身で一流企業に勤めた人の生涯年収は，大卒で中小企業に務めた人の生涯年収を上回っています。ましてや大卒でも非正規雇用が多いため，もっと悲惨です。つまり「教師は教科内容を教えれば子ども達の幸せに繋がる」というモデルは成り立たないのです。

　では，子ども達の幸せを保障するのは何なのでしょうか？

【参考文献】
アルビン・トフラー：第三の波，日本放送出版協会，1980
アルビン・トフラー：富の未来，講談社，2006
西川純：学歴の経済学，学陽書房，2016

2 不幸にならないために

　先に述べたように，日本では非正規雇用の若者が大量生産されています。その人達の年収は170万円です。その中で経済的に豊かに生きるために何が必要でしょうか？

　あくまでも経済的側面に限定しての言明であり，生き方を規定しているわけではありません，という注意書きを書いた上で申します。

　結婚するのです。仮に共に非正規雇用であったとしても，合わせて340万円の世帯年収になります。そして，住居費，光熱費，食費は２倍にはならないのですから，相対的に余裕が生まれます。

　共稼ぎで一番大変なのは何でしょうか？子育てです。全面的に民間施設に頼ったら，家計を圧迫します。だから，夫か妻の親に頼って乗り越えようとします。しかし，昔とは違います。昔は60歳で年金が出ました。今は65歳開始です。おそらく早晩，70歳開始となるでしょう。つまり，子育てに忙しい頃，親も働いているのです。これを乗り越えるには，妻と夫の両親と自分たち夫婦の６人がかりで子育てをするしかありません。

　しかし，隣の市の両親に「保育園に迎えに行って」と言えますか？数回なら頼めても定常的には頼めないでしょう。頼める距離感はどれほどでしょうか？おそらく，中学校区程度だと思います。つまり，妻と夫の実家が同じ中学校区にある必要があります。

　では，出会いはいつでしょうか？小学校，中学校です。『学び合い』だったら自然にそれが出来ると思いませんか？

　正規採用された人も安心できません。十年で３割，二十年で半数の企業が倒産します。その場合，再就職する必要があります。しかし，50歳，60歳で

再就職は難しいですよね。今後，さらに難しくなります。

　アメリカの社会学者であるグラノヴェッターは失業して再就職出来た人に，「なぜ，再就職出来たか」を聞きました。それは「知人からの紹介」でした。不思議ですよね。親兄弟・親友ではなく知人なのはなぜでしょうか？親兄弟・親友は100人，200人持てませんが，知人ならば可能です。親兄弟・親友の人脈は自身の人脈と重なっています。そのため，「知人」なのです。就職後の知人の大部分は同じ会社の同僚だと思います。しかし，そのような知人は，自分と同時に倒産を迎え，人を助ける余裕はありません。従って，助けてくれるのは就職以前の学校での知人です。ちなみに，結婚相手の紹介も知人が有効なのです。

　今でも日本には餓死する人がいます。なぜでしょうか？それは生活保護という制度を知らないからです。学校で習いませんでしたよね。そして，知っている人も生活保護を貰える条件を知りません。その条件の中には，三親等以内に援助する人がいない，自分で働けないという条件があります。複雑な家庭環境がある人も多いでしょう。親や子どもに重い障害があり介護が必要な人もいるでしょう。しかし，就職出来ず自己効力感の下がっている人が，福祉担当者に説明するのは抵抗があります。どうしたらいいでしょうか？その人の就職を気にかけて，一緒になって役所に行き，代わりに説明してくれる人が必要です。複雑な家庭環境をふまえて説明出来るとしたら，子ども時代を共に過ごした人ではないでしょうか？

　このように説明すれば，私が『学び合い』は子どもの生涯の幸せを保障することだという意味がお分かりでしょう。これは日本国首相でも出来ないことであり，教師，特に義務教育の教師が出来るのです。『学び合い』は最善の手立てだと思いませんか？

【参考文献】

マーク・グラノヴェッター：社会と経済：枠組みと原則，ミネルヴァ書房，2017

3 反復囚人ジレンマ

　ゲーム理論の中に「囚人ジレンマ」というのがあります。

　簡単に説明します。二人の囚人がいます。二人が協力して黙秘すれば，懲役２年になります。ところが，一人が裏切って自白し，一方が自白しない場合は，自白した方が懲役１年で，自白しない方が懲役15年となります。そして，両方が自白したときは懲役10年です。二人の囚人は別々な部屋で検事に自白を求められます。つまり，もう一人が自白するか，しないかが分からない状態です。このとき，囚人はどういう行動をしたら有利かということを数学的に求める課題です。両者の得るものの総和が「両方が協力した時＞一方が裏切る時＞両方が裏切る時」という大小関係が成り立っているとき「囚人ジレンマ」という課題になります。

　一回切りの場合は，「裏切る」というのが最適な行動です。ところがアクセルロッドは，この「囚人ジレンマ」を何度も行い，かつ，いつそれが終わるかメンバーに分からない状況での課題（反復囚人ジレンマ）ではどのような行動が最適であるかを調べました。その結果，数学的にも，シミュレーションにおいても，「しっぺ返し」という戦略が有効であることを明らかにしました。しっぺ返しとは非常に単純な戦略です。

　第一は「自分からは裏切らない」というもので，アクセルロッドは「上品さ」という表現を使っています。第二は，「相手が裏切れば，次回は裏切り，相手が協力したならば，次回は協力する」というもので「しっぺ返し」と言われる所以です。特に重要なのは，一度裏切られたら直ちに反撃しますが，いつまでも引きずらず，相手が協力してきたら協力します。アクセルロッドは「心の広さ」と表現しています。馬鹿馬鹿しい戦略ですが，遙かに複雑で

高度な戦略（例えば AI を使った戦略）を上回る戦略であることが明らかになりました。この戦略は，非常に強力で，まったく協力関係のないギスギスした集団の中でも，少数の仲間を見いだせば，時間とともに主流になることを明らかにしています。

　ゲーム理論は非常に洗練され，多様な課題に対応しています。囚人ジレンマはゲーム理論の中でも最も単純な課題ですが，最も汎用性が高い課題だと思います。二人の人がいれば交渉があり，協力と裏切りがあるのは通例です。また，裏切れば最大の成果を得られますが，相手も裏切ることが出来て，その相手も裏切れば最悪の成果しか得られないという状況も一般的です。そして，両者が協力すれば，両方ともそこそこの成果を得られるという状況も一般的です。つまり，人間社会の対人関係（特に学校や職場）の状況は「囚人ジレンマ」の状況とほぼ一致しているといって良いでしょう。そこでの最高の戦略が「しっぺ返し」という馬鹿馬鹿しいほど単純な戦略であるのは非常に意外だと思います。しかし，「しっぺ返し」が強力なため，時間進行とともにメンバーは協力するという行動が主流になります。

　長い前置きを書きましたが，ポイントは，終わりが見える関係の場合は，「裏切る」ことが最善の方法なのです。裏切る誘惑はあります。これを避けるためには，関わりの終わりが無い反復囚人ジレンマの状態にすることが必要です。つまり，学校での『学び合い』は勉強のためだけではなく，その後の人生に関わることだと理解させることが大事です。もちろん，全員が理解する必要はないのです。2 割弱が理解すれば良いのです。

　以前，長期にわたって『学び合い』実践を観察した先生と久しぶりに会いました。それによると，観察させてもらったクラスの子どもは，成人になっても月に一度で集まって呑んでいるそうです。それもほぼ全員参加です。

　おそらく，クラスの 2 割弱の人が分担して呑み会の幹事をしているのだと思います。そして，それが自分にとって得だと理解しているのです。

【参考文献】
アクセルロッド：つきあい方の科学，ミネルヴァ書房，1998

4 飛びぬけた人

　脱工業化社会で生き残れる能力とは何でしょう？おおよそ４つあると思います。

　第一は，超一流の人になることです。AIはビッグデータという既存の知識を組み合わせることが出来ます。そのため，今後，二流，三流レベルの数学者の業績だったらAIが出来るようになるでしょう。しかし，次元の超えた発想は出来ません。そのため，超一流の数学者は生き残ります。

　これは学術研究に留まりません。昔はどの町にも畳屋がありました。しかし，ほとんど無くなりました。そこそこの畳ならば，機械によって安価に大量に生産することが出来るからです。しかし，超一流の畳職人は残るでしょう。なぜなら，今後も国宝級の建物の改修は続きますから。

　第二は，アマゾン，マイクロソフトのような企業を起業する人です。仮にアマゾン，マイクロソフトの100分の１の規模であっても，そのような企業が100社以上生まれればいいのです。

　以上のような人は，金太郎飴のような規格化した知識・技能で育てることは出来ません。そのため，「個別最適化した教育」が必要なのです。

　文部科学省が「個別最適化した教育」という言葉を使う場合，必ず，「公正に個別最適化した教育」のように「公正」という言葉が付きます。これは，学習指導要領に定められた規格化した基礎的・基本的な知識技能を与えたうえで，個別最適化した教育を行うのです。しかし，現状の学習指導要領の内容を教えるだけで時間割は満杯です。個別最適化した教育を行う余地は全くありません。

それに文部科学省の危惧もわかります。例えば，数学の才能がある子どもがいて，その子が数学以外を全く知らない場合，生活に問題が生じてしまうでしょう。

　では，どうしたらいいでしょうか？『学び合い』の学力観に立てば解決できます。

　先に述べたように，多くの教師の学力観は，一人一人の子どもの頭の中に知識・技能を注ぎ込むイメージを持っています。三十台のパソコンに，同一のソフトをインストールすることに例えられます。これは不可能です。一つ一つのパソコンのスペックが違います。OSが違います。

　しかし，データのやりとりの仕方を統一し，ネットワークで全てのパソコンを繋げば，他のパソコンにある知識・技能を利用することが出来ます。即ち，個々の知識・技能は個人の頭の中にあるのではなく，集団の中にあるのです。先にも紹介しましたが，経営学にはトランザクティブメモリーという考えがあります。これは組織の中の誰が，どんなことが得意かという知識なのです。これが共有されている組織のパフォーマンスは高いことが知られています。

　個別最適化した教育を成立させるためには，『学び合い』の学力観にたち，協働的な環境が必須なのです。

　が，現状の教育の市場占有者は改良は出来ても，改革は出来ません。なぜなら，大多数の顧客（子ども・保護者）が理解できず，望まないことを実施することは出来ないからです。だから，イノベーター・アーリーアダプターの人たちが現状の教育を捨てることから変化は起こります。現在，個別最適化した教育を求めて，アンテナの高い子どもと保護者が広域通信制やフリースクールに流れています。

　しかし，広域通信制やフリースクールの教師と子どもと保護者にも，旧来の考えが残っています。その結果，現状の一条校と同レベルの学校に陥る危険性があることを危惧しています。

5 大部分の人の生き残り

　前節では飛び抜けた人の話をしました。しかしそのような人になれるのは数十万人に一人ぐらいのレベル（もしくはそれ以下です）。では，残りの人はどのように生き残るのでしょうか？

　生き残る能力の第三は，ニッチの市場で超一流になることです。ニッチの市場で求められる，高付加価値・少数生産の製品・サービスが必要です。ただし，ニッチ市場で求められるものは何かを知るための情報収集方法が重要です。

　先に紹介したパレードの法則によれば，生産の8割は2割の人が生み出すという法則です。多くの経済場面で知られています。例えば飛行機会社の収益の8割は，2割の顧客に依存しています。飛行機にあまり乗らない人には「マイル」は関係ありません。その「マイル」のサービスがあるのは，高頻度に乗る2割の顧客を引きつけるためです。

　ある航空会社では，顧客が予約するとき，その顧客の SNS を登録してもらいます。それに基づき，その顧客の好みを分析し，それに合わせた冊子を座席シートに用意するのです。「その人」のサービスという，高付加価値・少数生産の製品・サービスを実現しています。しかし，これは一定規模以上の組織が出来ることです。では，一般の人はどうしたらいいでしょうか？

　中長期の個人的情報収集に基づく製品・サービスです。

　みなさんの町にも，客が入っているのを見たことがない，古くからある呉服屋はありませんか？何で潰れないのでしょう。そのような呉服屋にはお得意様がいます。そこを定期的に回っているのです。そして四方山話をして帰

ります。その中で，各家庭の家族構成，家計状況，趣味を探っているのです。そして，その家の娘の成人式前に，「そういえば幸子さん，成人式よね。着物はどうするの？」と聞けば，「そうそう，お願いしたかったのよ」とお得意さんは応えます。そして，「そうだと思って，いくつか用意してきたの」と用意した着物をひろげます。これが中長期の個人的情報収集に基づく製品・サービスです。

　このような商売の時にはお得意様が必要です。商売を継ぐ人は引き継げますが，その他の人はどうしたらいいでしょうか？『学び合い』では，学校がその顧客を獲得する場になると思います。

　皆さんは「値段が１割安い家電量販店」と「家電量販店より高いけど，何かあったら電話一つで来てくれる仲間の店」のどちらを選びますか？私は圧倒的に後者です。後者の店だったら，「とにかく何とかして！」というような無茶なお願いも出来ます。

　しかし，第四のタイプもあります。実はこのタイプが大部分だと思っています。それは上記（特に第三のタイプ）の人と繋がっている人です。第三のタイプの人はクラスに一人で結構です。その人が第四のタイプの人を数十人雇用できるようなビジネスを始めれば良いのですから。中学校区で第三のタイプの人が増えれば，第四のタイプの人は勤め先が倒産しても，転職できます。未来は企業ではなく，中学校区レベルの地域コミュニティが生涯を守ります。

6 経済的自由

　子ども達の生涯を本当に守るためには，実は中学校区レベルの地域コミュニティだけでは無理だと考えています。

　ドラッカーが述べているように，国の有り様を最も規定しているものは人口です。人口が減れば国力は小さくなります。移民を増やせば一時的に人口減少を緩和することが出来ます。しかし，移民を多く受け入れたヨーロッパの事例によれば，第一世代の子どもの数は多いですが，第二世代以降は出生率が下がるのです。考えてみれば当たり前です。子どもを多く作らないという文化の中で育ったのですから。だから，移民によって国力を維持しようとするならば，アメリカのように定常的に大量の移民を「ずっと」受け入れ続ける必要があります。おそらく，このような選択を日本はしないと思います。

　では，どうしたらいいでしょうか？

　成長している国（つまり人口の増えている国）の成長の果実を取り入れるのです。つまり，他国の「人」ではなく「お金」を受け入れるのです。具体的には日本の預金を適切な外国株に投資するのです。

　2022年末に日銀が発表したデータによれば，日本人の個人の預貯金は1100兆円です。仮にアメリカの代表的な株価指数である S&P500に連動したインデックス投資をすればリターンは7％となります。なんと77兆円となります。外国税額控除等を考えても毎年約8兆円の税収アップとなります。

　取らぬ狸の皮算用ですが，これは個人にとっても国にとってもありがたいことです。

　しかし，株取引は短期間に売り買いを繰り返す投機的なイメージが強く，二の足を踏んでいる日本人は多いのです。実は株取引が盛んなアメリカでも

1970年ごろは日本と同じ預貯金中心でした。しかし，年金制度が変わり「企業が老後を守る」かたちから「自分が自分を守る」ようになった頃から預貯金から株に移行したのです。日本もそうなるべきなのです。

　では，どうしたらいいか？世の中には金融に関する学習プログラムが開発され，それを学ばせる実践が生まれ始めました。しかし，私は「意味が無い」と思っています。なぜならば，それで学ぶことの千倍，万倍，それ以上学び，数十年間修羅場を生き抜いた人が，数十万人，数百万人でしのぎを削っているのが金融の世界です。素人の付け焼き刃は危険ですらあります。

　投資で安定して結果を出せる方法は至極簡単です。それは優良な株に分散投資し，それを長期に買い続け，売らない（Buy and Hold）に尽きます。これを理解するには，「ウォール街のランダムウォーカー」（日経BP）や「敗者のゲーム」（日本経済新聞出版）を読むことを勧めます。

　しかし，もっと良い方法があります。上記を知っている人と繋がることです。不安になった時，相談にのってくれる人と繋がることです。

　私の研究室では在学中から少額の積立投資を始める人は少なくありません。少額の積立投資から始めることによって暴落に対する耐性が高まり，狼狽売りをしない握力（簡単に売らない力）が成長します。

　私がやっていることは，私が老後に対して何の不安もなく，楽しみにしていることを「見せびらかす」ことです。そして，聞かれた時に，聞かれた人のレベルに合わせ，専門用語をほとんど使わず，単純な論理で説明し続けることです。だから，教師は投資を学ぶべきだと思っています。ちなみに，公務員は倒産・解雇の危険性が低いため生活防衛資金が少額で済むので，投資に向いています。私が投資の本を書いたときビックリしたと思いますが，理由は上記の通りです。

【参考文献】
西川純，網代涼佑：教師のためのお金の増やし方がわかる本，学陽書房，2021

まとめ

　私が教育学の大学院に入った時は、「理科教育によって発展途上国の産業振興に寄与しよう」と考えて、ルックイースト政策（日本に学ぼうとするマハディール首相の政策）のマレーシアの理科教育を研究テーマにしました。しかし、資料が集まらず断念しました。次善の策として、工業高校の電気・電子科の生徒と普通科高校の生徒の電気概念を比較することによって、産業に繋がる理科教育とは何かを修士論文のテーマにしました。その頃から、私は「何のために学ぶのか」ということが、最大にして一貫したテーマでした。

　『学び合い』研究から、対人関係の中にそれがあるのではないかと思いはじめました。次の段階に至ったのはアクティブ・ラーニング関係の本を執筆する過程です。当時は know-how 本が乱立しています。どれが正しいのかが分かりません。そこで、なぜ、アクティブ・ラーニングを目指すことになったかを、政府関係の文書をもとに知ることになったのです。know-whyが分かると、子ども達の置かれた状況が危機的な状況にあることが分かりました。

　以前から経営学の本は読んでいましたが、大凡、教育研究者が生涯読まないであろう本を読み、論文を読みました。その結果を『学び合い』のことを書かない本として世に出したのです。その過程で、私の中の『学び合い』が、ハッキリとした「生き方レベルの『学び合い』」になったのだと思います。

5 最高の『学び合い』とは何か
生き方レベルの『学び合い』の姿

はじめに

　上越教育大学には『学び合い』を学びに多くの方がお越しになります。その方々から「西川先生の考える最高の『学び合い』とは何ですか？」と聞かれることは多いです。私は「今の私が考える最高の『学び合い』は，今の西川研究室です」と間髪入れずに応えます。

　当たり前ですね，私が『学び合い』を実践している集団は西川研究室なのですから。

　上越教育大学の中でも西川研究室は特異です。そのため「宗教じみている」と揶揄される場合もあります。なんと西川研究室出身者（今は同僚である弟子・孫弟子）が主催している研究室の学生からもです。

　理由は，西川研究室は毎年毎年更新しているからです。

　私の好きな言葉にドラッカーの「自らの製品，サービス，プロセスを自ら陳腐化させることが，誰かに陳腐化させられることを防ぐ唯一の方法である。」という言葉があります。最先端を走っている人は，誰よりも早く，自身の欠点を見いだすことが出来ます。他の人がそれに気づく前に改良したならば，いつまでも追いつかれません。私は三十年以上，それをやり続けたのです。

　現在の西川研究室は，その結果です。私が教育・研究でなしえた最高の成果は現在の西川研究室です。

　西川研究室に入る人は概ね3種類です。第一は，既に『学び合い』を実践している人です。この方は『学び合い』のことを分かっています。第二は，「一人も見捨てない」という方針に共感するロマンチストです。第三は，な

んだか分からないが，ゼミ生同士が仲良く，居心地が良さそうと感じた人です。

　かなり異質な３タイプですが，本当に西川研究室に入ると，愕然とします。「これで良いのだろうか？」と頭の中は「？」で満たされているのです。私が最初のゼミで「西川研究室は一人も見捨てられない社会と教育を実現する研究室である」と宣言します。当然，「なにバカなこと言っているの？」と思うでしょう。ところが上級生は当然のこととしてニコニコしているのです。このあたりが「宗教的」と言われる所以なのかもしれません。

　しかし，２ヶ月もたてば，西川研究室で行われていることは実に合理的であることが分かるようになります。そして「自分」でではなく，「自分たち」でやれば，一人も見捨てられない社会と教育を実現する「何か」は出来ると思えるようになります。

　そうなると，教育に関わることの質問の多くは「西川研究室でそうしたほうがいい？」，「私がそんなことして嬉しい？」と問い返せば，自分の愚かさに気づきます。

　ゼミ生達に「うちの研究室，上手くいっているよね？」と聞くと頷きます。「じゃあ，俺，何やっている？」と聞くと，誰も応えられないのです。従来型授業の実践者が『学び合い』を観ると，「何もやっていない，丸投げ」と見えます。それと同じで，授業レベルの『学び合い』の実践者が生き方レベルの『学び合い』を観ると「何もやっていない，丸投げ」と見えます。

　ここでは生き方レベルの『学び合い』の姿を「今」の西川研究室の姿を通して伝えたいと思います。

　ここで補足します。多くの方は本章に書いてあることは大学だから出来ることだと思うでしょう。違います。現実に，学校現場で実践している方はいます。（付録に付けました）。

1 なぜ，怒らないのか

　『学び合い』を学びに上越においでになる方が，ゼミに参加するとビックリします。寝ている子，ゲームをしている子，インスタントラーメンを食べている子などがいます。それを見てお客様は「それでいいのか？」と聞きます。私は大爆笑して，「良いのです」と言います。

　これに関して，私にモデルがあります。私には戸北先生という上司がいました。戸北先生との会話は仲の良い先輩との会話です。学会に行けば，私が直立不動の姿勢を取る相手が戸北先生に直立不動です。その戸北先生に私がため口で話します。だから，学会では私が他大学の先生方からお叱りのご指導を受けます。それを戸北先生に言えば笑います。

　戸北先生が副学長になってから，事務の方が「戸北先生に連絡がつかない」と私に連絡してきます。内容を聞いて，「戸北先生はこういう判断をしますよ」とアドバイスします。やがて事務の方々もそれでいいことがわかり，私に連絡して，それで事足りるようになりました。事務の方が，事後報告すると戸北先生はニコニコしています。

　私は戸北先生と語り合って，戸北先生の考えが分かります。そして，戸北先生にとっては，何も考えなくても私がやってくれる方が楽となります。そのような関係なので，ため口レベルのことはどうでもいいことなのです。

　これが私のモデルの原型です。

　他の教師だったら激怒することがあっても，私が常にニコニコしているのを不思議に思い「先生はなぜ怒らないのですか？」と聞かれることがあります。理由は簡単です。

　第一にリスク管理をちゃんとやっているからです。学生が引き起こす結果

として生じる問題はどのようなものがあり，その中で重大なものは何かを知っています。逆に言えば，大抵のことはたいしたことがないことを知っているからです。

　第二に，仮に問題が起こっても，私の一番大事な「幸せ」には無関係であることを知っているからです。

　以上のことは後述します。

　人が感情的になる理由は，ほぼ100％自分の利害が犯された場合です。「子どものため」と言ったとしても，それはそう思っているかもしれませんが，本当は自分のためです。しかし上記のように私は私の利害に無関係であることを知っているので感情的になりません。

　西川研究室には多様な学生が多数存在します。結果として色々な問題が生じます。しかし，ゼミ生同士で話し合い，折り合いを付けて解決します。そのため私が気づくレベルの問題はほとんど生じません。

　しかし，3，4年に一度ぐらいは，私が諭さなければならないことが起こります。このようなことが起こったとしたら，起こした学生の責任ではなく，自己解決出来ない集団を形成した私の責任です。従って，感情的に叱る必要はありません。

　あらためて何のためなのかを，社会的意義と自分の損得の2つの側面から説明します。それを伝えきれなかった私の不明を詫びます。そして，問題を解決することが，社会的にも自分の損得にも有利であるから解決するようにと言います。それで終わりです。

　定時制高校の教師時代に気づいていました。人間関係が出来ていなければ怒鳴っても意味は無い。もし，人間関係が出来ていれば怒鳴る必要はありません。ちゃんと話せば良いだけのことです。

　ここで書いたことに関しては，小中高の先生方にもすんなり入ると思います。一度肩の力を抜いて，子どものしでかすことで自分の根幹を犯すようなことがあるかを考えて下さい。まあ無いでしょう。あったら，その危険性を下げることを考えましょう。カリカリする必要はありません。

2　評価が必要か？

　みなさんは中学校３年３学期の通信簿の成績を気にしましたか？高校３年３学期の通信簿の成績を気にしましたか？　おそらく，全く気にしていなかったと思います。なぜなら，進路に無関係だからです。

　受験勉強中，通信簿の成績で自分の学力を評価していましたか？私はしていませんでした。私はこれと決めた問題集を解いていき，正答する割合で自分の学力を評価していました。問題集を解いていくときには，一発目で解けた問題の問題番号を赤のラインマーカーで塗りました。そして赤のラインマーカーで塗った問題は次回以降では解きません。２周目以降に解けた問題の問題番号を黄色のラインマーカーで塗りました。次に解けると赤いラインマーカーで塗り，次回以降は解きません。このようなことを繰り返しているなかで，赤で塗られた割合で自分を自己評価していました。

　通信簿を作成することは法に定められていません。子どもが自らの進路を主体的に考えられるならば，それは邪魔になります。もちろん指導要録は作成しなければなりません。その責任を負っているのは校長です。しかし，校長が作成しているわけではありません。学級担任が作成しています。しかし，先に紹介したように子ども達の自己評価に基づき，指導要録を子ども達が作成することもできます。

　もちろん，現行の学級担任が作成する指導要録は教頭，校長のチェックを受けます。しかし，概ね，情報開示を保護者から求められたときに，保護者が気にする表現をチェックするレベルに留まっています。ならば，子ども一人一人が自らの指導要録を作成し，それを学級担任，教頭，校長がチェックすればいいのではないでしょうか？

ビックリするかも知れません。我々は協働的な子ども集団の自己評価力の凄さを実証的データに基づき知っているので，これはできることを確信しています。子ども達が協働して作成するならば，忙しい教師より質の高い指導要録が期待できます。

　以前の『学び合い』の授業観において，教師の仕事の一つに「評価」を挙げていました。しかし，今は不要だと思います。私は個々のゼミ生を評価しません。

　では私の仕事は何か？

　それは個々のゼミ生が幸せになりたいと願うようにすることです。そのためには，自分自身の幸せの姿を確立することです。ではどうしたらいいか？先に述べた『学び合い』の学力モデルを思い起こして下さい。集団の２割弱のメンバーが幸せのモデルを確立すれば，他のメンバーもそれを利用出来るのです。これが出来さえすれば，私が評価せずとも，当人が評価します。私がするとしたら，せいぜい「それでいいの？」の一言ぐらいです。

　具体的には，たまに「西川研究室に入って得られるのは教員免許状を増やすレベルで良いの？２年間という時間と数百万円のお金をかけて得るものはそれで良いの？勿体ないな〜。私や西川研究室を使い倒して，より多くのものを得ようと思わないの？」とニヤニヤしながら，ゼミ生集団に語ります。

　小中高の先生方なら「評価しなくていいと言われても…」ですよね。評価して下さい。しかし，それがそれほど重大なものではないことを理解した上で，淡々とテストの点数等で機械的に成績を出して下さい。費やすエネルギーを軽減した分のエネルギーで「この一年で得られるものは何だろう？二度と来ないこの一年でより多くのことを成し，未来の幸せを得たいと思わない？そのために，私やクラスの仲間から多くを得たいと思わない？」と語るのです。クラスが集団として幸せになりたいと思っているかどうかは，常に評価する必要があります。

3 自由

　ゼミ生達が西川研究室を一言で表現するならば，「自由」と応えるでしょう。私は命令・指示はしません。ゼミ生達には「「報告」，「連絡」はいらない。君たちが決めたことならば，それでいい。その結果生じたことに関しては，口が裂けても「知らなかった」とは言わない。ゼミ生達には私の判子を預けており，「各種書類を報告・連絡無しに作成出来る」と伝えています。

　「相談」は年に数回ある程度です。程度の低い相談があった場合，「低レベルの相談で私の耳を汚すな。その程度だったら，みんなで相談すればいいことだ。みんなで相談したけど，どうしても結論が出ない場合，みんなで私に相談しなさい」と言うからです。

　相談のほとんどは学術論文作成に関するものです。これに関しては「実証的教育研究の技法」（大学教育出版）という本を用意しています。ゼミ生達の中では，私の数多くの著書を差し置いて「名著」と呼ばれています。そこには学術論文を書くためのノウハウの95％以上があります。しかし，本には書けない秘伝と呼ばれるものがあります。それを私に相談するのです。だから相談の件数は少ないです。

　学校は年単位で同じ事の繰り返しです。ゼミ生は毎年の文書を保存しています。そのため，多くの場合，その書類の日付を替えるだけで事足ります。

　このような体制のため，教務関係に関してはゼミ生集団が秘書集団となっており，私が関わる必要がありません。そのため，人事，予算，スペースに関する学内政治にエネルギーを集中することが出来ます。西川研究室は学内で最大規模です。上越教育大学には120人の教員がいますが，全院生の25分の１が西川研究室です。しかし，それほどの人数がいても，手間がほとんど

かかりません。

　おそらく，なぜ，これほどまでに任せられるか不思議に思われることと思います。第一に，先に述べたリスクマネジメントをしているからです。ゼミ生に任せていることは，失敗があっても，私が頭を下げれば良いだけのことです。そのため，大きな問題が生じる可能性がある「お金」と「西川研究室という看板を背負って新規の組織と関わるとき」の２点だけは私に報告・連絡・相談することを求めています。小中高の先生方も，冷静にリスクマネジメントをすれば，任せられるものがとても多いことに気づくはずです。

　第二に，私個人よりゼミ生集団の方が有能であることを確信しているからです。例えば，偏微分方程式を解くというような課題ならば，私の方がゼミ生集団より圧倒的に勝っています。しかし，我々が解決しなければならない課題は多くの人が時間をかければ解決出来るものばかりです。私もゼミ生も１日24時間です。つまり，ゼミ生が30人いれば，私の30倍の時間をかけることが出来ます。

　ゼミ生が全員集まり，ありとあらゆる事を話し合うのは週一の全体ゼミです。まあ，職員会議と考えていいです。ただし，校長の立場である私はほとんど出席しないのです。私がこの全体ゼミに出席するのは年２回です。年度の最初に，新入生の研究室配置が決まり，研究室体制が決まった最初の全体ゼミに出席します。そこでは「西川研究室は一人も見捨てられない社会と教育を実現する研究室である」と宣言します。もう一つは年度の最後に，その年を振り返り，成果をまとめ，さらなる発展を期待します。各々10分程度です。それだけです。もし，このように任せることの意味を知りたいならば，『オープンブック・マネジメント〜経営数字の共有がプロフェッショナルを育てる』（ダイヤモンド社）をお勧めします。

　繰り返しますが，リスクマネジメントが大事です。子どものしでかすことで自分の根幹を犯すようなことはほとんどありません。最悪，頭を下げればいいだけです。それが分かり，任せれば，遙かに高いパフォーマンスが得られます。これは過去にお仕えした校長を思い出せば分かると思います。

問答

　研究室のもう一つの柱は「わちゃゼミ」（全体ゼミもそうですがネーミングはゼミ生達が決めました。学年関係なくワチャワチャと集まるゼミという意味）です。

　研究室に入って1年目の学部3年生，大学院1年生は，毎週1回参加します。学部4年生，大学院2年生以上は2週間に1回参加します。ゼミ生達が毎月，どの日に参加するかを決めます。その調整はゼミ生集団が行い，私は関与していません。

　わちゃゼミでは問答が中心です。ちなみに問答の内容は基本的にYouTubeで「西川純研究室」と検索すれば，過去に遡って視聴できます。

　問答の内容は，森羅万象天地間の様々なものがあります。本当に何でもアリです。例えば「ウシガエルは『学び合い』が出来るか」という質問もあります。同席したゼミ生達は爆笑していましたが，私はそれに対して生物学的にちゃんと応えました。

　お金に関わる質問もあります。例えば「田舎の両親の土地を相続すべきか」を聞かれました。それに対しては，自分が住む予定が無く，また，売却が困難である場合，負債であることを説明します。なぜなら，今後固定資産税を払い続けなければならないからです。そのために，相続を放棄することを勧めます。さらに相続を放棄しても管理義務は残るので，それを放棄する法的手段があることを説明します。お金がかかりますが，それを勧めます。

　ゼミ生の中には在学中から投資を始める学生が少なくありません。ゼミ生達の半数近くは，先に紹介した「教師のためのお金の増やし方がわかる本」（学陽書房）を読んでいるからです。そのため，投資をしているゼミ生との

会話の中では ETF やアセットアロケーション，ポートフォリオ等の単語は投資をしているゼミ生同士では普通に使っています。

　意外だと思いますが，基本的に授業レベルの『学び合い』に関する質問はほとんどありません。なぜなら，ゼミ生集団は私の本を読んでいます。授業実践に関する質問がある場合，その多くは先にも書きましたが「私のクラスに〇〇という子がいて……（以降，その子がいかに大変な子であるかを訴える）……どうしたらいいか」という質問が大部分です。その場合は，「教師には，「その子」，「その事」を解決する能力はありません。教師の仕事は，「その子」，「その事」を自己解決出来る有機的な集団を形成することです。」と応えます。

　ゼミ生の質問の多くを占めるのは「西川先生は〜」で始まる質問です。私だったらどうするかを問うものです。つまり私の生き方を通した「生き方レベルの『学び合い』」に関しての質問です。私はそれに対して，経営学，心理学，生物学，歴史学などの知見をもとにして間髪入れず応えます。

　さて，上記のような西川研究室の運営は大学だから出来るのだと思っている方が多いでしょう。そんなことはありません。小・中・高で実践できます。実際，実践している方を知っています。（付録２をご参照ください）

　週４回担当している場合は，そのうちの１回を問答の時間にします。週２回の場合は，２週間に１回を問答の時間にします。クラスを四半分に分けて，教室の後ろの方に集まり，問答をするのです。

　最初は他愛もない質問をする子が多いでしょう。しかし，本質的な質問を出来る子どももいます。そして，大部分の子どもは，どの質問が本質的で，どの質問が他愛もない質問であるかは判断できます。それによって質問のレベルが上がってきます。質問を通して，『学び合い』は授業論ではなく，生き方であることを学ぶ子が生まれます。集団に一定数いれば，その集団は「生き方レベルの『学び合い』」の集団になります。

　さらに言えば，異学年集団を形成すれば飛躍的に高まります。部活動を考えれば自明だと思います。

5 異学年集団

　西川研究室は学部３年，４年，大学院１年，２年，３年（上越教育大学の免許取得プログラム）の５学年で形成されています。新年度には学部３年と大学院１年が入りますが，既に１年以上，西川研究室の文化に染まっている上級生がいるので速やかに文化に染まります。

　部活動を学年別に運営するのと，異学年で運営するのと比べた時，どちらがいいですか？自明ですね。様々なメリットがあります。第一に，真面目になります。下級生の前では上級生は甘えやバカなことは出来ません。教師に反発する子も，上級生に従います。その他，様々なメリットがあります。その事に関しては「『学び合い』ジャンプアップ」（学陽書房），「今すぐ出来る！全校『学び合い』で実現するカリキュラム・マネジメント」（明治図書）をご覧下さい。

　しかし，異学年のクラスは無理だと思っている方が大部分ですね。義務教育の学級の編成に関して，およびその運用に関しては，学校教育法施行令施行規則第百二十一条に定められ，それを受けた「小学校設置基準」，「中学校設置基準」の第五条，第六条，また，「公立義務教育諸学校の学級編制及び教職員定数の標準に関する法律（標準法）」の第三条（学級編成の標準）に定められています。高等学校においても，「教育上支障がない場合は，この限りでない。」とあります。それらをまとめると以下を制限する国の法はないのです。

１．２年１組の担任（教科担任も含む）Ａと２年２組の担任Ｂが合同で授業をする。（また，それ以上の同一学年のクラスで合同する）

２．１年１組の担任Ａと２年２組の担任Ｂが合同で授業をする。（また，そ

れ以上の異学年のクラスで合同する）（但し，各学年の学習内容に基づ
　く授業をする）
3．一人の教師が，同一学年の複数のクラスを同時に授業する。
4．一人の教師が，異なった学年の複数のクラスを同時に授業する。

　実際に上記を実現したある小学校の校長に「一人の教師が複数学級を教える時間割を県教委に認めてもらい時間数の削減をしたとありましたが，どのようなプロセスで実現したのでしょうか？」と質問しました。その回答は以下の通りです。

　「算数科を1名の加配教員に全学年受け持たせようとしました。その方法の一案が複数学年による『学び合い』です。しかし，教職員課管理主事より電話が入り「その方法はだめ」との回答です。本校の教諭から教育委員会へ情報が流れ，先手を打たれました。そのため加配教員の受け持ち教科を無難に家庭科等にしました。

　次年度早々，校内人事や人事異動等，学校経営を考える上で，校長から先に教育委員会の指導主事に「体育科，家庭科，音楽科，図工科は，学習指導要領に目標が2年単位で記載されている。複数学年による学習活動を行うことを，加配のない本校の実態に即し，働き方改革も考慮しながら取り入れることは可能か」と，問い合わせました。

　指導主事からしばらく時間をおいて「可能」との回答がありました。

　その年度の後半に，本校の教諭に複数学年の教科担当についてアイディアを提案しました。次年度の当初，時間割の届け（教育課程の届け）の際に教員の持ち時間数を記して教育委員会に送付しましたが，以後，教育委員会からは何もありません。

　複数学年による『学び合い』を実施している教員に「難しさはないか。」と，何度も確認していますが，「うまくいっている」と教員から回答を得ています。そして，今年度から全校『学び合い』に着手。全校が全学年での『学び合い』算数に取り組み始めました」

　要は，その覚悟がある校長ならば，です。

6 問答での柱「幸せ」

　先に述べたように問答では，経営学，心理学，生物学，歴史学などの知見をもとにして間髪入れず応えます。しかし，それ以上に大事な柱があります。

　我々が『学び合い』を実践する理由は，「子ども達の生涯の幸せ」です。しかしそれより上位の目的があります。何だと思いますか？

　それは「自分と家族の幸せ」です。別な言い方をすれば，教え子より，自分や家族を優先すべきです。もしかしたら反発される方もおられるでしょう。しかし，このことを忘れてしまえば，歪な『学び合い』になります。もし，自分や家族より教え子を優先する教師に学べば，ブラック勤務を受け入れる子どもを育ててしまいます。

　マズローは「生理的要求」，「安全欲求」，「社会的欲求」，「承認欲求」，「自己実現欲求」の５つの段階があるとしていますが，私の場合は，もっとシンプルです。生物の２大欲求は「自己保全」と「種の保全」です。これを欲求しない個体は淘汰されます。だから，最も大事なのは，「自己保全」と「種の保全」です。私はこれを「家族仲良く健康で」と表現しています。

　それをより精緻にし続けています。

　私の幸せを決定づけているのは，家内だと考えています。夫婦間では愛情が大事なものであることは当然です。しかし，感情には起伏があります。だから，損得計算をしっかりします。そうすれば家内の存在は，私の損得にもっとも関係していることが分かります。このあたりを詳しく知りたい方は「新任一年目を生き残るサバイバル術おしえます」（学陽書房），「イクメンでいこう！」（日本経済新聞出版）をお読み下さい。

　私にとっての幸せは何かを，私の普段の生活からもゼミ生達は垣間見てい

ます。例えば，研究室の呑み会では一次会の途中でいなくなり，家に帰って家内と呑みます。そして「ゼミ生と呑むより，家内と呑む方が良い」と言うのでゼミ生からは呆れられます。

　我が家には，数多くの記念日があります。例えば，「家内と最初に会った日」，「家内にプロポーズをした日」，「プロポーズの OK をもらった日」，「結納の日」，「結婚の日」があります。誕生日も，私，家内，息子の誕生日の他に，妊娠検査薬で息子が受胎したことが分かった日も祝います。その他様々な記念日があり，それぞれ前夜祭，本祭，後夜祭があるのです。従って，一年中祝っています。その度に，家族に感謝しています。

　基本的に「家内は正しい」と確信しているので，「勝てない，勝たない，勝ちたくない」を基本としています（100％ではありませんが）。

　「西川先生は…」で問われる問いに対しても，経営学，心理学，生物学，歴史学などの知見をもとにして応えますが，それに留まらず，それが「家族仲良く，健康で」に繋げて説明します。徳ではなく得で語るべきは，授業レベルに留まらず，毎日の生活に関わることを理解させます。

　この「家族仲良く健康で」は歪んだ教育に流されないアンカーとなります。

　なお，ゼミ生の中には独身主義の人もいます。その人にはこう言います。

「種の保全から言って，男女の結婚が最も自然だと思う。ホモ・サピエンスも DNA に縛られているからだ。しかし，ホモ・サピエンスは後天的学習によって行動変容する生物だ。LGBTQ が広がる今後，多様な結びつきがあっていい。また，性的な関係以外の関係であっても良い。いずれにせよ永続的に関係を結び，その損得勘定が一致し，ともにその死後も残るものを生み出そうとすることは大事だと思う。」

7 博愛主義ではありません

　『学び合い』の最上位の目的が「自分と家族の幸せ」と言い切ることに抵抗感がある方は多いと思います。さらに，それを子ども達の前でハッキリ言うことに抵抗感があると思います。しかし，私には一片の罪悪感・抵抗感はありません。むしろ胸を張って，ゼミ生に言います。

　先に述べたように『学び合い』では道徳の徳ではなく，損得の得で語ります。なぜならば，人が継続的に行動をし続けるためには，それが得であることが必要だからです。

　子ども達の前で損得を教師が語るためには，教師自身の損得も明らかにすることが必要です。そうすることによって，クラスをリードする子どもに信頼されます。なぜなら教師の生き方が，子ども達に語る『学び合い』と一致するからです。

　本書の最初の方で『学び合い』における「一人も見捨てない」の意味を書きました。生き方レベルの『学び合い』になれば，もう一歩進みます。それは「一人も見捨てない」を捨てるのです。その代わりに損得を中長期の視点で考えられることの方が大事です。

　ちなみに私はゼミ生達に「一人も見捨てるな」と言ったことは一度もありません。そんなことを言わなくても，ゼミ生達は安易に見捨てることはしません。むしろ仲間を守るために苦労を厭いません。なぜなら得であることを知っているからです。

　「一人も見捨てるな」という言葉から，『学び合い』は博愛主義のように捉えられている方も少なくないでしょう。違います。最終的には，自分と家族の幸せの中で判断するべきなのです。

例えば，私に『学び合い』の教えを請う方には，誠実に対応しています。かつては，全国の『学び合い』の実践者からのお悩みメールに返信するために毎日3時間から5時間を費やしていました。『学び合い』のノウハウ本が充実したため，激減していますが，今でも月に4，5人からZoomでお悩み相談を受けています。

　一方，教えを請わない人に教えようとはしません。なぜなら，無駄だし，危険性が高いからです。つまり，自分と家族の幸せに反するからです。

　問答の中でゼミ生からボランティア先の学校で，子ども達が苦しんでいることを私に訴えることが少なくありません。最後は泣きながら訴えるのです。『学び合い』を実践すれば，その子どもが救われることを知っているので，何か出来ることはないか？と聞くのです。

　私は「諦めなさい。君に出来ることは何もない。とやかく言えば，君が攻撃対象になる危険性が高い。君が出来ることは今日の涙を心に刻み，在学中，卒業後に君が出来ることをしなさい。その先生を変えることは出来ないと思う。しかし，変わりたいと思っている人はいる。その人達に伝えられるようになりなさい」と言います。

　私は『学び合い』の最上位の目的が，「自分と家族の幸せ」とゼミ生達の前でハッキリ言います。しかし，私には一片の罪悪感・抵抗感はありません。むしろ胸を張って，ゼミ生に言います。なぜなら，ゼミ生達が自分と家族の幸せを大事にする人になって欲しいからです。そのために教師がそれを信じ，実践していることを示すべきだからです。

　みなさんも子ども達が自分と家族の幸せを大事にする人になって欲しいと思いませんか。安易な博愛主義は，ブラック勤務に抵抗できない大人を生み出してしまいますよ。

8 生き方レベルの『学び合い』の課題

　小中高で生き方レベルの『学び合い』を実践するには，1週間か2週間に1回程度の問答をすればいいのです。ごく初期の質問の内容は，非常に単純なものになると思います。しかし，もし，あなたが日々に語る中で生き方を語るならば，その事に興味を持ち，質問する子どもが生まれるはずです。最初にそのような質問をするのは2割弱の子どもだと思います。しかし，6割強の子どもも，どのような質問がレベルが高く，どのような質問がレベルが低いかは判断できます。その結果，2割弱の子どもの発するレベルの高い質問に似た質問，関連する質問をするようになります。それを積み上げれば，6割強の子どもも，自身の課題に関連したレベルの高い質問をするようになります。それは小学校1年生であってもそうです。

　そのような問答を取り入れた，1週間か2週間に1時間程度の問答の時間以外の時間は何をしているかといえば，今までと全く同じです。教師が課題を与え，全員達成を求めるのです。そこに変化はありません。

　では，生き方レベルの『学び合い』において日々の課題はどう創ればいいのでしょうか？簡単です。変化の必要はありません。そのままで良いのです。しかし，子ども達の動きが変わります。子ども達の中の2割弱の子どもが生き方レベルで『学び合い』を捉えるようになれば，より長期的に，より戦略的に動くようになります。

　そうなったら，課題のレベルをドンドン上げれば良いのです。ただし，課題の内容を高度にすることは，かなりの能力と経験が必要になる場合があります。若い教師の場合は難しいと思います。その場合は最低点の点数を上げていけば良いのです。満点に近づけば近づくほど，課題の困難性が幾何級数

的に上昇します。先に，知的障害の子がいるクラスで満点を連続した事例を紹介しましたが，そのクラスは素晴らしいものでした。

　従来型授業の実践者も，そして，多くの『学び合い』の実践者も，授業の善し悪しは課題の質に依存していると考えています。しかし，私はそう思いません。

　教員養成系大学の教育でも，学校現場での研究授業でも，指導案検討が重視されています。しかし，私にとっては噴飯物です。指導案の善し悪しで授業の善し悪しが決まるならば，名人教師の指導案をコピーすれば良いだけのことです。しかし，凡庸な教師が名人教師の指導案通りにやれば凡庸な授業になります。逆に，名人教師が凡庸な教師の指導案通りにやっても，レベルの高い授業になります。なぜでしょうか？子ども（正確には2割弱の子ども）は教師を観てどのような行動をするかを決めているのです。みなさんが校長の言っていることにどれだけ従うかを，何によって決めているかを思い出して下さい。

　『学び合い』実践は，教材，板書，発問を極限に削り落としています。生き方レベルの『学び合い』ではさらに削り落としているのです。残っているのは教師の考え方なのです。だから，教材のことを心配するのではなく，あなたがどのレベルの幸せを願い，信じているかを問い直して下さい。それによって2割弱の子どもがそれを目指すようになり，周りの子どもを引っ張り上げてくれます。

9 研究室運営の変遷

　現在のゼミは大きく分けて２つに分かれています。第一は週１回の全体ゼミです。ここでは研究室の中での様々なことを決めます。例えば，ゼミ生主催で全国的な『学び合い』の会を開催していますが，それに関連したことを決めます。呑み会，レクリエーション大会も同様です。また，誰かが本の出版を企画したり，学会誌論文執筆を企画した場合，参加する人を募ることもあります。その他，諸々のことをしています。その中では様々な係分担がありますが，私は知りません。唯一知っているのはゼミ長です。ただし，これも私に知らせることを忘れることが多々あります。ちなみに各係の責任者のことを「長（おさ）」と呼んでいて，ゼミ生同士の会議では私のことを「ジュン」と呼んでいることを最近まで知りませんでした。つまり，「ジュンは〇〇と言っている」というような使い方をしているのです。不思議に思って「なぜ，ジュンちゃん（私は指導教官の小林学先生をマナブちゃんと呼んでいました）とかジュン先生のように呼ばないの？」と聞いたら「織田信長を信長とは呼ぶけど，信長ちゃんとか信長様のようには呼ばないでしょ」とゼミ生達は応えました。これほど私が知らないのは，私がほとんど参加しないからです。

　先に述べましたように，私はゼミの運営をゼミ生に全面的に任せていますので，その必要がありません。

　もう一つが先に述べた「わちゃゼミ」です。

　このような研究室運営は長い時間の中で形成されました。

　私が助手として上越教育大学に採用されたのは27歳の時です。その時は，お仕えした教授の研究室の学部学生，大学院生の研究のアドバイスをしてい

ました。いわゆる研究室運営はしていません。

　34歳の時，助教授になり自分自身の研究室を持ちました。最初は，自分の学生時代に経験した形式でした。つまり，ゼミ生は週一で指導教官の研究室で一対一の指導を受けます。そして，週一で全員が集まり，順番に発表しゼミ生と私のアドバイスを受けます。しかし，この頃は学部生と院生は分けていました。

　平成14年頃から学部生，大学院生の合同の全体ゼミを開始しました。その前に異学年『学び合い』の研究をして，その成果を実際のゼミに活かすべきだというゼミ生からの要望に従いました。当初は「無理だろう」と思っていたのですが，「彼らだったらなんとかする」と思い任せました。やり始めて笑ってしまうほど上手くいくことに驚きました。研究で分かっていても，我が身に適用するとなると固定観念に縛られるのは私も同様です。

　平成20年の教職大学院開設に関わり，連日の会議と書類書きに終われて全体ゼミに参加出来なくなっていました。しかし，問題なく運営が進みます。むしろ良い感じなのです。いつの間にか私は参加しなくなりました。その後，私がいないうちに順番に発表する全体ゼミから，今の全体ゼミに変化したのだと思います。（私は参加していないので，その変化は謎です）

　平成23年頃からゼミ生の数が多くなり，一人一人指導する余裕がなくなりました。その結果として個人ゼミから学年ゼミに移行しました。学年単位で集まり問答する形になりました。これによって，他人の質問や私の応えを同時に学べるメリットがあることを発見しました。

　そして令和４年になり，カリキュラムの縛りがキツくなり，学年で集まれる時間がなくなりました。そして，学年に関係なく集まる「わちゃゼミ」となったのです。

10 変遷の背景

　『学び合い』研究がそれまでの教育の常識を覆す成果を上げた理由をご存じでしたでしょうか？

　一般的な実証的な学術研究では対照実験をします。「こうすれば良くなるだろう」という意図的な教材や指導法を実施する実験群と，従来の教材や指導法を実施する対照群を設けます。そして統計的に分析して，実験群の優位性を明らかにすることによって，教材や指導法の有効性を証明します。

　その方法で学術業績を積み上げていきました。ところが相対的に不利であると予想している対照群を設けることに，倫理的に許せなくなりました。自分が望ましいと思う教材や指導法を実施した子ども達の時間的変化を比較する研究に移行しました。最初と中間と最後を比較したのです。

　このことによって，対照群をつくらなくて良くなったのです。例えば，最適なグループの人数を知りたい場合，最適な人数が4人だと予想すると，4人グループの群と，その他の人数の群を比較することになります。一方，我々の方法の場合は，固定した人数のグループを設けません。『学び合い』の子ども観があるので，我々は子ども達が最適解を見いだすだろうと予想し，縛りを設けませんでした。その結果，やっている内容によって，最適なグループ人数が変わることが明らかになったのです。

　実験計画を詳細に決めるのは研究者です。そして，研究者は既存のパラダイムに縛られます。結果として，既存のパラダイムに合致する結果が出る実験計画を立てるのです。ところが，我々は子どもに任せました。だから，子ども達はトライアンドエラーの中で最適解を導いたのです。彼らのトライアンドエラーの過程を分析すれば，分かってしまえば当たり前の理由で最適解

に到達したことが分かります。

　これが『学び合い』研究がそれまでの教育の常識を覆す成果を上げた理由なのです。研究室運営の変遷も同じです。

　私が研究室運営の詳細を定めれば，当然，自身が受けた教育を再現します。私は私が受けた研究室運営を満足しているのですから当然です。しかし，『学び合い』研究を通して子ども観を得ました。研究を深めれば深めるほど，子ども集団の有能さを信じることが深まりました。だから，縛りを設けず，ゼミ生達に任せました。

　私の学校観も変わりました。異学年『学び合い』研究を深めることによって教室・学校レベルから地域コミュニティレベルに移行しました。アクティブ・ラーニングの本を執筆する過程で，子ども達のおかれている状況を理解するようになりました（例えば，「アクティブ・ラーニング入門」，「サバイバルアクティブ・ラーニング入門」（いずれも明治図書））。そこから「学歴の経済学」（学陽書房）をはじめとする，『学び合い』のことを一言も書かない本を書くようになりました。この過程の中で，生き方レベルの『学び合い』に移行しました。

　それに伴って，ゼミ生の質問が授業レベルの『学び合い』から，生き方レベルの『学び合い』に変わります。理由は，ゼミ生の質問に対して，生き方レベルの返答をするように私が変化したからです。その返答を通して，ゼミ生も変わったのです（この過程は，先に紹介した YouTube の「西川純研究室」で過去からの動画を見続ければ追体験できます）。

11 延長上にあります

　古くからの『学び合い』の実践者の中には，本章で述べた実践が『学び合い』と言われることに違和感をもたれる方もおられるでしょう。しかし，これは紛れもなく『学び合い』です。

　経営学にはブルー・オーシャン戦略があります。市場占有者が後生大事にしているものを捨てることによって生き残る戦略です。『学び合い』はまさにこの戦略です。従来型授業で後生大事にしていた，板書・発問・説明を捨てることによって，子ども達の関われる時間を獲得し，授業を分かる・面白くすることが出来ました。それが授業レベルの『学び合い』です。

　それらを指し示してくれたのは子ども達です。私自身も旧来の枠組みの中にいるのですから，私が主体で組み立てたならば，板書・発問・説明をあれほど捨てられたか疑問です。

　生き方レベルの『学び合い』も同じです。ゼミ生との関わりの中で生まれました。授業レベルの『学び合い』で大事にしている，「最初の言葉がけ」，「可視化」，「振り返り」等を捨てました。西川研究室では最後には週イチの問答だけになりました。

　エピソードを紹介しましょう。

　私のゼミ生が教育実習から帰ってきて，小学生が無言で給食を食べているクラスがあることを教えてくれました。それは二十年以上前のことで，新型コロナ禍とは無関係です。元気いっぱいの小学生が無言で給食を食べているのは異様です。そこで担任に理由を聞いたそうです。

　そのクラスの子ども達の関係性は良く，給食では話が盛り上がります。その結果，給食をなかなか食べ終わらないそうです。結果として給食の方から

クレームが来たそうです。そこで，食べ終わるのが遅いのは話すからと考えた担任は無言給食にしたそうです。

　『学び合い』では，目的・意味を語りますが，方法は子ども達が考えます。しかし，従来型授業の場合は，教師が方法を考えます。上記はその典型例とも言えます。

　その学生は卒業後，小学校に勤めました。そして，同じように給食の方からクレームが来ました。彼女は子ども達に，給食が遅くなると給食の方及びその家族に迷惑がかかることを説明しました。そして，大判の紙を黒板に貼り，給食が遅れないようにする方法を書くことを求めました。子ども達は『学び合い』で話し合いながら，様々な方法を書きました。その中には「食べるのが遅い子に優先的に配膳し，直ぐに食べ始める」のような，なるほどと思うようなものがありました。一方，馬鹿馬鹿しいものも含まれていましたが，何も言わずに書かせました。

　最後に「これで時間を守れる？」と聞くと，子ども達は頷きました。「ここに書いてあることは君たちが決めたことだ。だから不必要と思えば消して良いし，必要と思えば加えてもいい。君たちに任せるからね」と言いました。

　教師からみて馬鹿馬鹿しいルールは早晩消されました。その後も消され，最後には大判の紙は黒板から剥がされました。最後に残ったのは，「一人一人が出来ることを考えながら行動する」という了解が残ったのです。

　生き方レベルの『学び合い』は異質に見えるかも知れません。しかし，「子ども達は有能である」という子ども観，「多様な人と折り合いを付けることが自らの課題解決に有効である」という学校観に合致しています。ただ，生き方レベルの『学び合い』の方が授業レベルの『学び合い』より，子ども達をより有能だと信じています。生き方レベルの『学び合い』の方が授業レベルの『学び合い』より，より深く幸せを考え，より長いスパンで物事を考えます。その程度は違いますが，子ども観，学校観は揺らいでいません。

まとめ

　なぜ，授業レベルの『学び合い』から生き方レベルの『学び合い』に移行するべきなのでしょうか？

　理由の第一は，自分と家族のためです。生き方レベルの『学び合い』が実践できれば，授業レベルの『学び合い』でしなければならないことから開放されます。時間的にも心理的にも余裕が生まれます。子ども達に生き方を語るために，生き方に関して深く考えるようになり，その結果，自分と家族はより幸せになります。

　第二の理由は子ども達のためです。繰り返し書きましたが，『学び合い』は非常に再現性の高い実践です。しかし，限られた書籍で，全てのケースを記載することは不可能です。当然，本には書かれていない事態になる可能性があります。その時，それを解決するのは教師ではないのです。直面する課題を解決するのは子ども達の仕事です。教師の仕事は，直面する課題を解決する集団を創り，向上させることなのです。

　直面する課題の中には，とてつもなく大変な事態もありえます。そうであっても解決しようとする子ども集団を創るためには，「その子」，「その事」に囚われず，「その子」，「その事」をより広範囲で長期間の視点で考えられる子ども集団を創らなければなりません。

　子ども達は学校卒業後に長い長い人生を過ごします。そして，仲間も広範囲に広がるでしょう。その中で幸せであり続けるためには，多様で多数な集団を永続的に維持する必要があるのです。

　このような子ども達を育てるためには，教師自身がそれを体現する必要があるのです。

6 『学び合い』の未来
自分自身の生き残り

はじめに

　一条校が崩壊すると私が書くと、「じゃあ、一条校は無くなるのですか？私はどうしたらいいのでしょうか？」と聞かれることがあります。大爆笑します。Ａが全て無くなり、全てがＢになるというのは、工業化社会の規格化のコードです。脱工業化社会では、選択肢が多様になるのです。必ず今の一条校は残ります。

　ロジャーズの普及化理論やムーアのキャズム理論によれば、市場占有者は改善は出来ても改革は出来ません。いや、してはいけないのです。なぜなら、変革期であったとしても初期段階では、大多数のユーザーは今まで通りの製品・サービスを求めているからです。だから、その大多数のユーザーのために、今まで通りの製品・サービスを提供する責任があります。教育の市場占有者は文部科学省、都道府県教育委員会です。それらは旧来の工業化社会のコードに縛られた学校教育を、それが良いものだと思い込んでいる子ども・保護者に提供する義務があります。

　では、改革はどこから始まるのでしょうか？それは未来が見える少数のユーザーです。教育の場合、一条校を見限った人達がそれにあたります。その人達がトライし、成功します。それを見ていた人が参入します。この過程の中で人数を増やします。そして全ユーザーの16％を超えたとたんに急激に広がります。

　その後は、どうなるでしょうか？
　市場占有者の中にも、未来が予想できる人がいます。文部科学省や都道府

県教育委員会にもおられます。だから，学習指導要領総則編にある高等学校通信制の特例や，教育機会確保法が成立しているのです。私は日本の官僚を信じています。市場占有者としての責任を果たしている現状を非難するつもりはありません。しかし，そう遠くない未来に激変の時代が来た時，日本の官僚は様々な施策をすると思います。戦後の復興，リーマンショックの立て直しを実現したのは日本の官僚ですから。

　では，皆さんはどうしたらいいでしょうか？

　今は，首をすくめて『学び合い』を淡々と続けてください。出来れば，『学び合い』の会を開き，SNSで発進し続けて，次の時代のコアメンバーを固めてください。今の授業には未来はありません。社会が急激に脱工業化社会にシフトする時，その中で皆さんは活躍してください。『学び合い』ならばそれが出来ます。そうすれば同僚の中に「教えて」と近づいてくる人は増えます。その場合，合同『学び合い』などを通して，着実に広げてください。

　16％のイノベーター・アーリーアダプターは，新たなサービス・製品を使いこなすには勉強が必要であり，ある程度の失敗は仕方がないことを知っています。ところが，それ以外の84％の方は，学ぶことを厭います。失敗することを恐れます。そのため，16％の壁を乗り越えるためには，「ホールプロダクト」が大事だとムーアは述べています。ホールプロダクトとは，その製品・サービスを使いこなすための，マニュアル等の手段の一群です。不遜ながら『学び合い』に関して，特に，授業レベルの『学び合い』に関しては十分に用意したと自負しています。

　私は皆さんが羨ましい。
　私は退職しますが，皆さんは激動の時代を楽しめるからです。

1 学校の未来像

　子どもや保護者が学校に通い，通わせている理由はなんでしょうか？

　人格の形成でしょうか？

　学問を極めるためでしょうか？

　小学校のころはハッキリしていなくても，根本的には有利な未来を獲得するためです。「中卒より高卒，高卒より大卒，同じ高校・大学ならば偏差値の高い方が有利」と考えるのが今までの学歴モデルです。

　しかし，そのモデルは正しくないことを知っている人が広がっています。周りを見回せば，そこそこの大学を卒業しているのに，パッとしないところに就職したり，それ以前に正規採用されていない人は希ではありません。いや，保護者自身が旧来の学歴モデルを信じていたのに，裏切られた人はかなりいるはずです。

　旧来の学校に物足りない人が増えるにつれ，その人達の受け皿となる学校が急激に増えています。Ｎ高等学校を代表とする広域通信制高校が代表的です。また，義務教育段階にも各種のフリースクールやＮ中等部が生まれています。是非，その学校のパンフレットを取り寄せて見てください。『学び合い』の実践者だったら，自分の勤務校の方が優れている点を探しても，無いことに気づかれるでしょう。小学校，中学校は１日も在学しなくても卒業できます。一条校の高校を卒業していなくても，高等学校卒業認定試験（旧大学入学資格検定）を合格すれば，大学の入試に応募できます。

　つまり，一条校の最大の強みであるはずの公的な卒業認定に関しては，もはや強みではないのです。それに比べて非一条校では，規格化，同時化の呪縛から離れることが可能です。それによって，先に述べたその人なりの強み

を追求することが可能となります。さて今後はどうなるでしょうか？

ロジャーズの普及化理論，ムーアのキャズム理論によれば，ユーザーの16％の壁を越えると一気に広がります。Ｎ高等学校の入学者の数の増加傾向によれば５年以内にそれが来てしまうのです。既に，都道府県立高校に関しては，地域のトップ校以外は定員割れになっています。16歳人口の減少にも原因がありますが，それだけではなく広域通信制高校を選ぶ子どもが急激に増えたことが原因です。

お姉さん，お兄さんが広域通信制高校で学び，良かったことを知った家庭であれば，義務教育段階から一条校を離れることに抵抗はなくなります。最近まで，この広がりに文部科学省は危機感を持っていましたが，白旗を揚げたようです。不登校特例校を「学びの多様化校」と名前を変えたのが象徴的です。「特例」を外し，文部科学省主導の受け皿を創ったのです。

では，現在，一条校で働いている皆さんが出来ることは何でしょうか？

非一条校の情報を，それを求めている子どもや保護者に伝えることです。皆さんの教え子の中には，今の教育にフィットせずにしんどい子どもと保護者がいるはずです。その人達に，別の道を示すべきです。それが最悪，自死にいたらない方策です。

一条校に勤務するものが，非一条校を勧めるのにためらいはあるかもしれません。勧める必要はありません。情報を流せば良いのです。判断は子どもと保護者がすることです。それに我々の仕事は，現在の組織の維持でしょうか？それとも，目の前の子どもの幸せでしょうか？自明です。

現状の教育システムを１分１秒でも早く変えることは，現状の教育によって不幸になる子どもが一人でも減らせる道です。あなたのお子さんの進路も検討してください。

『学び合い』の実践者の中には非一条校に異動する人は少なくありません。見えているからです。しかし，なかなか大きな博打です。私自身はとりあえず一条校に留まることを勧めます。寄らば大樹の陰ですから。では，一条校に留まる人にはどのような生き残り策があるでしょうか？

2 SNS

　先に述べたように，基本的に『学び合い』の実践者は脱工業化社会でも生き残れます。少なくとも従来型授業の実践者よりは。今は事を荒立てずに，自分の実践に注力して下さい。遠くない未来に，一条校が成り立たなくなります。そうしたとき行政は大きく舵を切ります。

　さて，それまで何をしたらいいでしょうか？

　私はSNSでの情報発信を勧めます。さて，SNSでの情報発信で大事にすべきことは何だと思いますか？

　それは「毎日発信し続けること」です。このことをゼミ生に言うと「そんな発信し続ける種はありません」と言います。私は「バカだな〜。例えば，俺のメモをシェアすれば良い。他人のふんどしを使ってでも発信し続けることが大事」と言います。

　毎日，発信することによって得られることは何でしょうか？

　第一にフォロワーが増えます。

　フォロワーが増えることによって，あなたの商品価値が高まります。もしかしたら出版のオファーが来たり，あなたがヘッドハンティングされたりする可能性が高まります。つまり，収入が増えるのです。

　あなたのフォロワーはあなたの興味関心に近しい人が多いでしょう。その結果としてあなたのタイムラインに有益な情報が流れる頻度が高まります。

　ただし，これが形になるのは，最低でも５年間は毎日発信し続けることです。

　SNSで情報発信をするにあたり絶対に守るべきことがいくつかあります。

　第一に，他人の個人情報は発信しないことです。個人情報とは何でしょう

か？それは個人情報の保護に関する法律の第二条にあります。長い条文ですが、一読することを勧めます。簡単にまとめると「容易く個人特定できる情報」です。

　ただし、どこから個人情報なのかは曖昧な部分はあります。そのため基本的に否定的なことは書きません。かなりぼやかした表現であっても、特定の子どもを否定的に捉えていると考えられれば、保護者からのクレームはあります。しかし、特定の子どもを肯定的に捉えていると考えられれば、保護者からのクレームはありません。

　仮に肯定的に書いたとしても注意すべき事があります。基本的に子ども達全体を記述し、特定の子どもの行動も全体の動きを表すものとして記述するに留めます。仮に、特定の子どもを記述する場合、偏りがないように、名簿にチェックしてください。『学び合い』であれば全ての子どもの行動を記述することが出来ます。

　否定的に記述する場合に注意することがあります。それは個人ではなく、組織に対する否定に留めます。私の本やSNSの読者の方だったら、私が文部科学省や都道府県教育委員会をかなり辛辣に書くことがあることをご存じだと思います。しかし、個人は否定していません。例えば、文部科学大臣の発言の問題点を指摘する場合、文部科学大臣個人の発言ではなく、文部科学省で検討された案を、文部科学大臣が代表して発表していると捉えます。次官通達等も同じです。

　文部科学省の官僚にも様々な方がおられます。私と同じような未来を想定している人は少なくないと思います。そうでなければ教育機会確保法などは世に出なかったでしょう。事実、私のSNSのフォロワーの中には文部科学省の官僚の方は少なくありません。私自身は、行政が舵を切ったとき、その人達が新たな日本の教育を打ち立ててくれることを期待しています。

3 副業

　投資を理解し，実行することは生き方レベルの『学び合い』を実践するには必須項目です。投資の世界は投資金額がリターンの額を決めます。最初の頃は，毎月の投資額の大きさが重要になります。そのためには副業を始めることを勧めます。

　副業は出来ないと思い込んでいる方が多いと思いますが，出来ます。ただ，出来ないと思っている方が多いので，最初は苦労するでしょう。地方公務員法第36条には，地方公務員の営利を目的とする経営・兼業は原則禁止であると書かれています。しかし，教育公務員は別です。教育公務員特例法第17条によれば，教育に関する兼業は認められています。任命権者が拒否する理由は２つしかありません。利益相反がある。具体的には学区の子ども達が通う塾・予備校の教師になることです。また，兼業の勤務時間と正規勤務の勤務時間の合計が労務管理上問題になる場合です。

　いま部活動が社会体育に移行することが進められています。そのため部活動顧問ではなく，自宅近くの社会体育の指導者になることは一つの可能性になります。これに関しては，令和３年２月に文部科学省が「「学校の働き方改革を踏まえた部活動改革について」を受けた公立学校の教師等の兼職兼業の取扱い等について（通知）」を出しているぐらいです。

　教育に関する兼業は教育公務員の権利です。粘り強く教育委員会と交渉してください。あなたが兼業の先例を作れば，後進の方に道を開きます。

　さらに言えば，もし副業が順調に成功した場合，それを本業にすることも考えられます。教職は副業としては最高の副業です。

　私立学校の場合は，兼業に関する規定を調べてください。それが労働関係

法に照らして妥当性があるかを調べ，労働基準局に相談してください。兼業を禁止する規定は妥当性を欠くものが多いと思います。

　繰り返しますが，投資は生き方レベルの『学び合い』を実践するためには必須項目です。もちろん，自身の幸せを保証します。固定費を軽減し，副業をして投資を始めてください。以下の本で紹介しているように，まずは少額でいいですからロボアドバイザーで始めることを勧めます。理由は少額ならば暴落にも狼狽売りをしないですみ，握力が生まれます。

　とりあえず「煽り系」（爆上がりが来る，とか，暴落が来ると刺激的な発言をする人です。そんなの分かるわけありません。本当に分かっていれば他人に言いません。その方が自分が儲かるからです）でないユーチューバー（例えば，リベラルアーツ大学の両学長）の話を１年間聞いてください。そして，先に挙げた「ウォール街のランダムウォーカー」と「敗者のゲーム」を読んでください。そうすれば，自分なりの投資方針が定まるでしょう。そうしたらロボアドバイザーは解約し，自身の証券口座を立ち上げて，本格的に投資を始めてください。

　上記の経験によって，子ども達からのお金の面からの「幸せ」に関する質問に対して，自信を持って語ることが出来るようになります。その結果として，自分自身と家族，子ども達の経済的な安定を獲得することが出来ます。

　以下の本はポイント活動に関しては状況が変わっています。しかし支払いは出来るだけ１回払いのクレジット決算にすることは何も考えなくても得になる点は変わりません。さらに，生命保険の解約や格安携帯への移行などの固定費の軽減方法と，投資に関しては，今も揺らいでいません。公務員であれば倒産・解雇の危険性が低いので若い教師もすぐに投資が出来ます。

　公務員にはあまり知られていない福利厚生があり，それを知るだけでも凄くお得なのです。

【参考文献】
西川純，網代涼佑：教師のためのお金の増やし方がわかる本，学陽書房，2021

4 志を高く維持できる方法

　ゼミ生から「現場に行って『学び合い』を続けられるか自信がない」と相談されることがあります。私は「みんなで取り組む『学び合い』入門」（明治図書）と「新任一年目を生き残るサバイバル術おしえます」（学陽書房）を読みなさいと言います。そして，５つの挨拶を大事にすることを伝えます。これは繰り返し語ります。

　教師は他の教師を授業で評価しません。その教師の職員室での立ち居振る舞いで評価します。その時大事なのは５つの挨拶です。「おはようございます」，「ありがとうございます」，「すみません」，「お先に失礼します」を誰に対しても言い続けます。そして，すこし余裕が出来たら「何か出来ませんか（私がやります）」と言うのです。それを続ければ，学校のキーパーソンの複数に可愛がられます。そうすれば無敵です。校長に嫌われても，学級崩壊しても離職しません。しかし，職員室での居場所がなくなれば離職します。恐れ，注意すべきは職員室での人間関係です。

　上記の結果として，従来型授業の実践者と繋がります。そうすると折り合いを付ける必要が生じるかもしれません。しかし，従来型授業を続ければ，それに染まり，『学び合い』を忘れるかもしれません。事実，西川研究室のOB/OG の中にもそのような人は少なくありません。

　それでいいと私は思っています。所詮教師が出来ることは，その人の中にあるものを出すだけのことであり，その人の本質を変えられると思うことは不遜だと思っています。私は，ゼミ生のみを視野においているのではなく，

日本中の『学び合い』の実践者を視野において未来を想定しています。そのため，案外，楽観的に未来を捉えています。

　とはいえ，周りに流されず，志を高く維持する方法はあります。それは志の高い人と繋がり続けることです。先に述べた SNS での繋がりもあるでしょう。しかし，直に会うことの方が効果大です。

　日本中には数多くの『学び合い』の会があります。その動向は，Facebook の『学び合い』グループ（教育に関する Facebook の最大のグループだと思います）に参加すれば分かります。近くで開催されたならば，直に参加しましょう。遠くであっても Zoom 参加しましょう。『学び合い』の実践者ですので，新規参加者を歓迎します。そして，『学び合い』の実践者であれば，学校種，学年，教科の壁はありません。これは他の教育系研修団体との大きな違いです。

　そして，出来れば，地元で『学び合い』の会を開きましょう。かなり前に『学び合い』の会で出会った人から「西川先生，私が『学び合い』の会を開いていいですか？」と聞かれたので，大爆笑しました。「『学び合い』の会は勝手連。やりたい人がやればいい」と言いました。前々から『学び合い』の組織を創ることを勧められましたが，少なくとも私は拒否しました。それは組織が出来上がったとたんに，組織の目的が組織の拡大になってしまい，堕落するからです。

　『学び合い』の会を開くのは簡単です。Facebook の『学び合い』グループ及び，あなたの SNS で告知します。会場は，あなたの担任しているクラスの教室で良いと思います。そこに集まった人（数人でも）で，授業のことで雑談すれば良いのです。準備も予算も不要です。

　日本全国で『学び合い』の会が開かれるのは，会の主催者が一番得をすることを知っているからです。詳しくは付録１に書きました。

5 何を学ぶべきか

　生き方レベルの『学び合い』を学ぼうとするならば，教師用図書だけを読んでいてもダメです。本書の中には色々な本を紹介していますが，本書で紹介していない本で，ゼミ生に紹介している頻度の多い本をいくつか紹介します。

ドラッカー「非営利組織の経営」（ダイヤモンド社）

　営利企業の経営者の方が学校の経営者より優れていると考えている人がいます。そのため民間出身の校長を導入した地域がありますが，かなりの割合で失敗している例があります。この本を読めば，学校のような非営利組織を経営することは営利企業より困難であることが分かります。

ホーガン「断絶への航海」（ハヤカワ文庫）

　私は子ども達の幸せを保証するためには，学校がコアになった中学校区レベルの地域コミュニティの再生・創造だと思います。本書は SF ですが，私のイメージしている社会を記述しています。

フリードマン「フラット化する世界」（日本経済新聞出版）

　ネットで繋がった社会において生き残るものは何か？本書を読めば分かります。

コリンズ「ビジョナリーカンパニー」（日経 BP）

　先に紹介した「非営利組織の経営」と同様に組織が長い間成果を上げ続けるためには，社会貢献へのヴィジョンが必要であることが分かります。『学び合い』における教師の立ち位置が分かります。

　　　　　ピケティ「21世紀の資本」（みすず書房）
　これは説明不要かもしれません。投資しなければ豊かになれないことが書かれています。
　　　　　ローレンツ「人イヌにあう」（早川書房）
　ローレンツの本を読めば，動物の行動には合理性があることが分かります。その中でも，最も読みやすい本です。
　　　　　樋口義治「ニホンザルの文化的行動」（川島書店）
　集団に新たな文化がどのように発生し，広がり，定着するかの仕組みが分かります。『学び合い』の合理性がよく分かる本です。
　　　　　冨山和彦「なぜローカル経済から日本は甦るのか」（PHP新書）
　私の考える中学校区レベルの地域コミュニティが成り立つために何が必要なのかが分かります。
　　　　　世阿弥「風姿花伝」（KADOKAWA）
　若手，中堅，ベテラン，そして老いに関して，どのように対応するかが書かれています。
　　　　　ハリス「子育ての大誤解」（ハヤカワ文庫NF）
　子どもの未来を決めるのは親ではなく，どのような集団に属するかによって決まることが書いてあります。『学び合い』の重要性が分かります。
　　　　　シンダーマン「サイエンティストゲーム（正・続）」（学会出版センター）
　研究者として成功するためのノウハウが書かれています。しかし，本書で書かれていることの多くは，教師においても成り立つと思います。私の生き残り戦略はこの本に影響されました。

　その他にもありますが，きりがないのでこのあたりにします。このような本がゼミ生の机にあります。おそらく，西川研究室に所属しなければ，教育系院生が生涯読まないであろう本だと思います。

まとめ

　ゼミ生からは「教員採用試験に集中出来ない」等のやらねばならないことは分かっているが，やり続けられないという相談を受けることがあります。その場合は，以下のように語ります。

　「何かを成そうとした場合，凡人に出来ることは時間をかけることだ。ところが１日は24時間であることは決まっている。だから，長く時間をかける方法は，それ以外のことをしないこと。具体的には，どうしても譲れないものを３つまでに絞りなさい。それ以外を諦めなさい。私は学部学生時代には色々なことをしていた，しかし，大学院に入るとき「酒」だけを残し，それ以外の全ての楽しみを断った。だから，１日13時間，研究に没頭し，それを３年間続けた。だから修了までに，平均的な教員養成大学・学部の准教授レベルの業績を上げることが出来た。その後もその生活は続き，膨大な業績を上げた。なお，結婚したら，最上位に「家庭」を入れなさい。」

　それに対して，「３つに選べない」と言うと，以下のように語ります。

　「３つに選べないのは，その程度の欲望のドングリの背比べをしているだけのこと。その程度のことならば，それらを全て捨てなさい。本当に大事なことは何か，何を願っているかを考えなさい。逆に言えば，得られなかった場合のことを恐れなさい。」

　みなさんは何を願っていますか？それが本気だったら，自分に許す欲望を３つ以内に限定し，それ以外を捨てることです。それが事を成す人の共通点です。みなさんは何を成したいですか？

おわりに

　最後までお付き合いいただきありがとうございます。ぶっ飛んだことばかりでお疲れのことと思いますが，もう少しお付き合いください。

　本書で書いたことは，私のゼミ生（以下，卒業生やオンラインゼミ生も含む）にとっては耳にタコができるぐらい語っています。もちろん，全てのゼミ生がそれを理解しているとは思っていません。しかし，２割弱は理解しています。そのような人達から，「先生があと10年現役だったら，西川研究室はどうなりますか？」とか，「一条校が崩壊した後，どうなりますか？」と聞かれます。つまり，私が普段語っている「次」の「次」を聞かれます。

　最後にそれを書きます。ビックリされるかも知れませんが，野人の妄想だと聞き流してください。

　私は企業と学校の境目が無くなると思っています。

　「状況に埋め込まれた学習」（産業図書）やサル学の本を読めば分かるのですが，ホモ・サピエンスの学習形態としては，徒弟制を代表する正統的周辺参加が最も自然だと思います。現在の学校は生産から切り離され，生産者になるための教育機関となっています。しかし，徒弟制においては生産者集団の中に入り，ともに生産に関わることによって，生産者になります。つまり，生産と生産者になるための教育機関が全く不分離なのです。実は，有機的な職員集団を形成している職員室は徒弟制なのです。そして，それは職員室に限らず，ありとあらゆる優れた企業は徒弟制に近い組織となっています。

　工業化社会のコードによって否定された徒弟制こそが，ホモ・サピエンスに最もフィットしていると思っています。少なくとも，DNAに刻みつけられた本能が変化するのに必要とする最低数十万年はそうだと思います。

私は，一条校崩壊の受け皿として広域通信制，フリースクールを想定しています。しかし，広域通信制の多くは，未だに工業化社会のコードに支配されています。例えば，アニメーターになるため，海外大学に進学するなど，特定のことに特化した広域通信制が多いです。さらに，フリースクールの中には避難所の機能ばかりで，だらだらと遊んでいるのではないかと思われるケースもあります。しかし，やがて，「次の次」では淘汰されます。

　では，「次の次」はどのような形になるのでしょうか？地元の企業，店（例えば，寿司や畳屋等，いや，家電量販店なども）と提携して，子ども達をそこで働かせる「次の次」の学校を私は想定しています。しかし，働かせっぱなしではなく，学校でリフレクションを行います。特徴は，異学年集団を形成し，働かせるのです。前年にそこで働いた経験のある子どもが，はじめてそこで働く子どものサポートをします。そして，定期的に学校に戻り，各チームの課題を教師と話し合うのです。同時に，社会で働くことによって気づいた生き方に関しても話し合うのです。

　私にはしっかりとしたイメージがあります。他ではありません。我々が上越教育大学で二十年前からやっている教職大学院の教育システムがそれなのです。ただし，これが本当に機能するためには，実務経験も学術経験も共に持つ教師の指導が必要であることも知っています。おそらく，生き方レベルの『学び合い』の実践者は担えます。

　一条校の崩壊は既に始まっています。私の興味は受け皿となっている広域通信制とフリースクールの淘汰がいつ始まり，正統的周辺参加の学校が生まれるのはいつかということです。

　ちなみに，我がゼミ生の中にはその一歩として，地元の企業と連携し，子ども達がチームとなって地元企業にアルバイトに行く仕組みを組み立てている人がいます。

　私にとっては広域通信制も，フリースクールも途中過程のワンステップに過ぎません。

　いずれにせよ，上記における教育は『学び合い』以外にありえません。

付録1

『学び合い』の会の開き方

　『学び合い』の仲間はインターネットを通じて，全国の仲間と繋がっています。そして，インターネットを通じて，『学び合い』と出会い，仲間となってくれる人がいます。しかし，リアルに出会い，顔と顔を見合わせながら話し合うことの良さは当然です。文字では理解できなかったが，疑問をぶつけることによって納得することも多いです。その意味で，『学び合い』の会はとても重要です。

　しかし，そんな会を開くために何が必要なのか，見当がつかないと思います。そのノウハウをまとめました。

最初に気を楽にして下さい。

　会を開くと言っても，どれほどのことをやるのか不安だと思います。そのために最小ではどの程度が必要かをお教えします。

　『学び合い』の会をやるための，最少人数の主催者は3人です。それは「発表者」，「司会」，「受付」です。たった3人でやれます。で，その3人が順繰りに役割を変えれば3人分の発表が出来ます。

　発表の内容は，要は自分のクラスの子どもの自慢をすれば良いのです。カラオケと同じで気分良く話せますよ。

　会場は，自分の勤務校，公共施設の一室，そんなのを活用すれば，ほとんどタダです。

　資料は各自が印刷して持ち寄るという形式にします。足りなければ，その場で印刷すればいい。また，ファイルをPDFにしてUSBに入れておけば，

足りない枚数を近くのコンビニで印刷できます。また，資料無しでも結構です。

　100円ショップで紙コップと紙皿を買い，2Lペットボトルのお茶を2本，お茶菓子を少し買います。予算は千円以下です。

　参加者が来なくても，3人が互いに教え子を自慢し合うだけでも，かなり楽しいですよ。それに，県庁所在地で開催し，ちゃんとブログ等で宣伝すれば，かなりの人は来ます。それだけ潜在的なニーズはありますから。

　と考えれば，気楽でしょ？

　さらに言えば，その3人だけでも十分です。楽しいですよ。

　出来ない理由はありますか？無いでしょ？

目的

　この会の最初の目的は，2ヶ月に一度ぐらい集まって，愚痴を言い合う会だと割り切って結構だと思います。大抵の悩みはそれほど難しくありません。ただ当事者となると，頭がいっぱい，いっぱいになって思いつかない場合もあります。また，既に自分自身で分かっているのですが，だれかに背中を押してもらう必要がある場合があります。そして，誰かが愚痴を聞いてくれたら，それだけで十分だと思います。結局，どんな悩みも最終的には自分で解決するしかありません。愚痴を聞いてくれる人がいたら，その勇気をもらえます。

　「参加者を増やしたい」と当然思うと思います。しかし，それ以上に大事なのは主催者側の人を増やすことです。そのためには，積極的に発表を依頼しましょう。当然「私はまだまだ初心者ですから」とか，「私は上手くいっていないから」と遠慮されると思います。しかし，初心者だから，上手くいっていないから，こそ，発表してもらうべきなのです。

　ある『学び合い』の会で，若い教師が「私は『学び合い』にトライしました。そして，見事に失敗しました」と開口一番に言いました。そのとたんに

会場から爆笑と，「よくやった」という声がかかりました。『学び合い』の会はそんな会です。

上手くいった人，偉い人の話を延々と聞くのは聴衆にもつらいものです。そして，『学び合い』における子どもと同じように，自分自身が分かり納得するために発表するべきだと思います。

一人の主催者を生み出せば，もう一人の参加者を連れてくることになります。その人が主催者になれば…

企画

フリートーク

『学び合い』の会では一定の時間，誰と話しても良いというフリートークの時間というものがあります。おそらく『学び合い』の会以外ではまず考えられない時間だと思います。

この会の場合，受付で「『学び合い』を実践しています」，「『学び合い』を知っています」，「『学び合い』は初めてです」の三つの中から参加者に選ばせて，色別の名札を付けてもらうと分かりやすいと思います。

発表者

教育の研修会の発表者は教師（大学の教師も含めて）だけだと思います。しかし，『学び合い』の会では，保護者や子どもが発表者になります。主催者のいる地域で開催すれば，保護者や子どもに発表をお願いしやすいと思います。

『学び合い』では子どもは主体的になります。発表の準備をクラス全員でやれば，自分たちの学びの振り返りになり子ども達の学びに繋がります。子ども達に「参加する先生方に『学び合い』を分かってもらい〇〇県の教育を変えよう！」というミッションを与え，発表内容，発表方法を任せてはいかがでしょうか？発表の様子をDVDにして子ども達に渡せば良い思い出にな

ると思います。

　ある『学び合い』の会で，保護者が発表しました。内容はママ友ネットワークの中で『学び合い』がどのように理解されるようになったかという過程が生々しく発表されたのです。当然，その会で一番注目された発表になりましたし，その後のフリートークでも人が集まりました。

　さて，上記のようなことをして，場所と時間を子ども達に教えたならばきっと「行きたい」と保護者に子どもは言うと思います。そのような保護者と子どもは参加費を無料にするのです。参加してもらえれば，子どもや保護者の『学び合い』に対する理解は深まります。

　ということで子どもや保護者を発表者にすることで，そのクラスの教師が得なのです。やりたくなったでしょ！

　学校単位で『学び合い』を実践しているある学校では，土日の『学び合い』の会を授業日にして，学校丸ごと（といっても小さい学校ですが）村のバスで会場に移動し，そこで『学び合い』の生の姿を公開し，その後に子ども達とのフリートークをしました。

予算

　『学び合い』と一緒で，参加者が多く，多様になればなるほど，得られるものは多くなります。『学び合い』の会は３人で出来ますが，会を発展させることを目指して下さい。

　会は精神論だけでは動きません。金と人的ネットワークが必要です。どん欲にやらねばなりません。それが成功すれば，安心して冒険も出来るのです。会を発展させるには，まず，金が必要です。

助成団体

　世の中には助成団体があります。助成団体センター（http://www.jfc.or.jp）で検索して下さい。世の中には，知られていない助成が多いもので

す。「こんなものに応募しても駄目だ」とお思いかもしれません。しかし，考えて下さい。そのような助成団体があることをご存じでしたでしょうか？おそらく，知らなかったと思います。それは日本中の教育関係者も同じです。つまり，応募する人はそれほど多くはありません。私の感覚だと，7，8応募すれば，そのうち一つは当たるものです。

申請書作成は大変ですが，大抵はＡ４版で２ページです。そして，その文章の大部分は，他の申請にも流用できます。それだけの労力で数十万円を獲得できるとしたら，売れっ子の直木賞作家並と言えると思います。

また，開催市の開催県の観光課に問い合わせると，「コンベンションビューロー」というものがあります。これはその地域にコンベンション（大会，集会）を誘致することによって，その地域の振興に繋げようとする公的機関です。大抵の場合は，一定人数の県外者が，その地域の宿泊施設を利用する場合，その宿泊者に応じた支援が得られます。その必要人数はまちまちですので，問い合わせて下さい。支援の受けられる人数はかなり多いと思いますが，逆に，それを知ることによって一つの目標が立てられます。

また，市や県の助成制度も受けられる場合があります。支援額は数万円で，必要な書類は大変ですが，申請する価値はあります。一度，獲得すれば継続獲得できる可能性もあります。

上記を確実に行えば，かなりの可能性で数十万円の予算を獲得することが出来ます。

参加費

２時間ぐらいの仲間内の会の場合は，もちよりお茶菓子一品程度で良いと思います。しかし，会場をとり，半日を費やすような会を開く場合は，参加費はちゃんと設定しましょう。参加される方は，半日，いや１日をかけてこられるのです。参加費をディスカウントしたとしても，参加数が増加することはそれほど期待できません。むしろ，それだけの時間をかけたことに値する会にする方が望ましいと思います。

ただし，学生さんの場合は，この参加費が参加の可否に直結します。学生さんは自由な時間はあるが，金はないというのが相場ですから。従って，学生さんをターゲットとする場合は，学生割引等は考える必要があります。

　また，事前に大会参加人数・懇親会参加人数を確定したい場合は，事前申し込みの制度を設け，参加費のディスカウントをすることは可能だと思います。

懇親会

　当日の『学び合い』の会への参加は，多くなっても，少なくなっても多少の人数であれば問題なく対応できます。しかし，懇親会の場合は，一人あたりの単価が大きく，業者が絡むのでリスクが伴います。事前申し込みの制度を利用するなど，人数確定をする努力をして下さい。なお，予算的な余裕があれば，冒険も出来ます。

　会場施設は人数の増加は引き受けてくれますが，人数の減少には難色を示す場合が多いです。申し込みは少なめにして，増加に対応できるような場所を探しましょう。

広告

　参加人数が100人を越え，かつ，資料印刷を行うレベルになったならば，資料の裏に広告を出すことによって収入を得ることが出来ます。

　開催地域の大会社に申し込むと，かなりの確率で受けてくれます。また，その地域の大学で教育系の学会が開催されていると思います。その学会の要項を手に入れて，その裏の広告の部分を調べれば，どこが受けてくれるかが分かります。

宣伝

　会に関しては多くの人に伝わるように宣伝をしましょう。宣伝の仕方は

様々です。教育関係の新聞，また，雑誌の中にはその種の宣伝をする欄を設けています。そこに案内を出しましょう。

『学び合い』グループ（http://manabiai.g.hatena.ne.jp/）にブログを開設して宣伝しましょう。私に連絡していただければ，SNS でシェアしますよ。

『学び合い』の会の参加者には教員ばかりではなく，子ども，保護者，そして企業の人がいることを忘れずに。むしろ，そのような人たちが発表できるような機会を設けましょう。

大学の学生さんのネットワークを介しての宣伝が必須です。大学にポスターを貼っても，あまり期待できません。どうやるかは，教育実習に来た学生さんか，後輩が大学に残っているような若い先生に相談しましょう。

参加者が多いと，スケールメリットが期待できます。その場合，学校への一律の案内も必要ですが，口コミやリピーターがもっとも効率がよいことをお忘れ無く。

次につながるように大きな会を開く際は，地元の新聞社やケーブルテレビに案内を出しましょう。それがきっかけになって『学び合い』を知る人はいます。

参加者を増やすには主催者を増やすことです。実は手伝っても良いと思っている人は少なくないはずです。だって，『学び合い』を分かっているのですから，関わることのメリットは分かっていますので。どんどん，巻き込みましょう！

最近は便利なサービスがいろいろあります（例えば http://kokucheese.com/）。それらを積極的に利用しましょう。また，受付の際に「今後会があるときは連絡して欲しい人はメールアドレスをお書き下さい」というものを示せば，リピーターが生まれます。

開催地の市や県の後援申請をして下さい。これを受けると，教師が参加しやすくなります。共催の場合は審査も厳しく，採用されることは難しいです。しかし，後援の場合，その団体が怪しげなものではなく，意義ある活動であ

ることが納得してもらえれば，受けることは困難ではありません。そして，一度，受けることが出来れば，次年度以降は前年度の承認番号を伝えれば，極めて簡略な手続きで獲得することが出来ます。

最後に

『学び合い』の会は公共団体に後援を申請するときは「子どもに学ぶ教師の会」という組織名で申請します。しかし，この会にはいわゆる組織図は意図的にありません。組織を作れば一時的に活性化しますが，やがて組織を維持することが組織の目的となり，形骸化します。そして，それに嫌気を感じ若い人に魅力が無くなり，世代交代がうまくいかず沈滞します。

宮城県の『学び合い』の会の懇親会で，ある東京の先生が「東京で『学び合い』の会を開きたいのですがよろしいでしょうか？」と私に聞いてきました。私は笑いながら「なんで私に聞くのですか？やりたいならばどうぞ」と応えました。

地元で『学び合い』の会を開きたいならば，どうぞご自由に開いてください。また，すでに『学び合い』の会があっても，別なアプローチで会を開きたいならば，どうぞ自由に開いてください。もちろん「元祖」，「本家」，「総本家」というのは馬鹿馬鹿しいですから，目指しているアプローチの名称をつけた会にした方が良いと「私」は思います。

あくまでも，ゴチャゴチャと各自のアイディアで動ける組織でやった方が良いと思います。

付録２　学校現場での問答の実践事例
～実践者のお便りから～

　授業において，不定期に「質問タイム」と称して子ども達と問答する時間を取っている。ただ問答を行うのではなく，事前に目的を必ず伝えるようにしている。具体的には「君たちのこれからの生き方のひとつの例として，普段の授業では伝えきれない私の価値観や生き方を伝えるために質問タイムを行う」と伝えている。「どのような質問でもかまわないが，基本１人１つ以上は質問するように」と問答を行う前に伝えている。問答を行う際は，４～５人でグループを作成し，グループごとにまわって質問に答えている。

　基本的に大多数の子どもからの質問は，日々のお悩み相談が多いように感じている。具体的には「緊張したときにはどのように対処したらよいですか」「朝起きるのがつらいのですが，どうすれば早起きできるようになりますか」などである。その中で，２～３割程度の子どもは自分自身の生き方に関わる質問を投げかけてくる。「先生が考える，学校にいるうちに身につけた方が良いことや学んでおくべきことを教えてください」「投資のメリットについて教えてください」「他の先生方が入っている保険で，先生なら入らないであろう保険はありますか」などの質問が挙げられる。将来を考えている子どもほど，投資や保険などの金融に関する質問が多いように感じている。

　問答を続けて８か月程経った頃，「〇〇をしたいと考えているのですが，先生ならどうしますか」という，私ならどうするか，という質問が多くなってきた。２～３割の子どもだけでなく，７割程度の子どもから同じような形式の質問がくるようになった。また，グループごとに分けて実施していたが，他のグループの問答を聞いて学んでいる子どもも見られた（この様な子どもは２～３名程度）。

また，休み時間の様子を見ていると，FP3級や簿記3級の資格の受験を本気で考え始める子どもや，投資の話題で語り合っている子どもも見られた。少しずつ，教師側が伝えたいことが浸透しているように感じた。問答は1年半前に試験的に始めた。当初はオンラインゼミ（https://jun.edusalon.net/）で学んだことをうまく表現できるかを試してみたいという気持ちで問答を取り入れた。

　最初はうまく答えられるかどうか不安だったが，子どもとの問答を繰り返していくうちに，「うまく答える」以上に，「日々の授業では伝えきれない今の自分の生き方や価値観を伝える」ことが一番の目的になっていることに気がついた。そのことに気づいてからは，問答を行う前に必ずその目的を伝えるようにした。

　問答を行ったことにより，子どもに伝えていることを自分自身が本当に実践できているかどうかを客観的に判断するようになってきたと感じている。具体的には「投資を若いうちから始める」「本当に必要な保険は限られている」「あいさつは大事」「多様な人脈を作ることが自分にとって大きなメリットとなる」などである。そして同時に感じているのは，実際に自分が経験してきた，または実践してきたことこそ，確信をもって語ることができているということである。

　私自身の一番の変化は，子どもの視点から学ぶことができるようになったということである。自分だけでは思いつかないような質問や考えを知ることで，答えている私自身も考えの幅を広げることができているように感じている。問答の後は「私自身も大いに勉強になった！ありがとう！」と伝えるようにしている。

（高等学校普通科教諭）

　肢体不自由児の5人を担任している。朝の会のプログラムに「みんなからの質問」という形で取り入れている。時間は20分程度。

　子どもは当初は知識を問うような質問が多かった（例えば，なぜ地球は丸

いのかなど？）が，２学期途中くらいから西川研究室同様，「生き方」に関する質問が多く出るようになってきた（自分の悩みや不安，障害との向き合い方，家族との付き合い方など）。知識に関する質問が減ってきたのは，私自身がわからないことは，「他の人はどう思う？」と振ってみたり，その場でChatGPTを使って調べたりして伝えていたので，先生にわざわざ聞かなくても調べられるし，面白いと感じた子が多かったからと思われる。

　一方，自分自身の変化としては，子どもを「子ども」として認識しなくなった。子どもという子どもはいないという感覚でしょうか？自分自身が学びたくなる（オンラインゼミで西川先生へ質問する，調べる，本を読む，人と語る，自分で考えるなど）。結果的に交友関係が広くなった。日常生活の中で「ハッ」と気づいたり，疑問に思ったりすることが増えた。

　また，わが子と真剣に語る機会が増えた（小学生でもわかる子はわかる）

（特別支援学校高等部教諭）

　毎授業５人ずつから質問を受けます。最初の１ヶ月は，授業開始直後，５人から質問を受ける，５人はこちらがランダムに作成した指名順による。クラス全員が問答の様子を聞いていて，問答が終了したら課題に入るという形式で進めました。

　それ以降は，授業開始直後，５人を教室の隅に呼び，質問を受ける，５人はこちらがランダムに作成した指名順による。質問をする子ども以外は５人と教師との問答を聞かず，すぐに課題に取り掛かるという形式で進めました。

　子どもの変容としては，短期間に大きく「教師の認知が深まった」という変化と「それ以外の変化」が見られました。

　問答をして教師の個人的なことについての印象が強まったものとしては，家族思いであるなどが挙げられました。問答以前には出てこなかった情報に触れたことで，より教師自身を理解したようです。他に，どんな質問に対してもきちんと答えるという姿勢からいい先生だと思った，と回答する子どももおり，問答の内容だけでなく，問答の姿勢それ自体が子どもに伝えること

もあるのだとわかりました。

　それ以外の変化としては，質問内容を考えるようになったことや，友達と質問の内容を相談するようになった，などがありました。学習の方法や今後の学習について聞いてきた子どもはそれを参考に学習を進めるようになり，意欲が向上したと言っていました。さらに，一緒に質問をするグループの仲間と話す機会が増え，仲間の話す姿を見て仲間に対しての印象が変わったと言っていた子どももいます。

　一方，私自身も変化しました。子どもからの質問を受けることで，自分が目を当ててこなかった性格やライフスタイルに関する部分を突然質問されて，言語化する必要に迫られました。そうなると突拍子もないことは出てこなくて，昨日までの自分を客観視したことが出てきました。また，家族や知人，自分の能力など，自身の現時点でのリソースに目を向ける場面が増えるようになりました。子どもへの回答が嘘にならないように，「今の自分」に注目することになったからだと思います。そして，自身がそれを言うことにより，よりその考えが研がれていくような感覚もありました。

　学校現場で『学び合い』の実践をすると，その環境と論理との間で自分の考えがブレることもあると思いますが，問答を通して自分の思考の偏りを補正する機能もあったように感じます。そういう点で考えると，特別な研修がなくとも授業改善ができると思います。

（中学校教諭）

　今年度，私の学級では「問答タイム」という時間を設け，子ども達と対話を積み重ねてきました。毎週１回，20分程の時間で，５〜６人の子ども達が順番に質問をし，私はそれに答えるというシンプルなものです。この取り組みが，いかに子ども達と教師双方に変容をもたらしているか紹介したいと思います。

　子ども達は様々な質問を投げかけてきます。初期は「先生の好きな〇〇は何か」という単純なものが多かったのですが，次第に彼らの興味は，私自身

の考え方や歩んできた人生の歩みに広がっていきました。問答を通じて，子ども達は自らの好奇心や疑問を意識し，それを言葉にする勇気を身に付けていったように思います。

　もちろん子どもらしいユニークな質問もあり，それが学級の雰囲気をよくする清涼剤となっています。しかし，問答を重ねるごとに，子ども達の問いは，生き方に関わる内容の割合が増えていきました。簡単に答えられるレベルではなくなっていったのです。例えば，「大学に行く必要はあるのか」「不登校について」「なぜ誹謗中傷は起きるのか」「辛いときの対処法」「人生で一番の失敗体験」「なぜ，先生は『学び合い』を取り入れたのか」といった深い質問が投げかけられるようになっていきました。

　子ども達の質問に答えることで，私自身も知識や経験を整理する機会になるばかりでなく，新たな学びの動機を得ることがあります。ときには言いよどんでしまうような質問も受けます。それらは，自分が歩んできた人生で，私が考えてこなかった，もしくは避けていたテーマだったのだと気付かされます。子ども達に嘘はつけません。そんなときは，取り繕わずに「ごめん。うまく答えられないな。」と伝え，あとで調べたり考えたりしています。

　このように問答タイムを重ねていくうちに，自身の成長にも繋がっていることを感じ始めました。質問に答えることで自己開示やメタ認知が高まっている感覚です。自分の考えや生き方についてのメッセージを伝えることで，子ども達との双方向的なコミュニケーションが深まり，関係性が築かれていったことを実感しています。また，学級で実践している『学び合い』に関する質問に答えることで，自分が本当に子ども達に伝えたいことを客観的に見つめ直す機会となりました。

　子ども達と教師の問答タイムは，大きな意味と効果をもっていると感じています。なぜなら，子ども達が親以外の身近な大人である教師に問いを投げかけ，その生き様に触れることで子ども達の生き方のロールモデルとなる可能性があるからです。私は『学び合い』の授業で，互いの力を生かしながら課題解決し，より多様な仲間を増やすことが人生に役立つことを語ります。

しかし，それだけでは子ども達の動機づけにならないときもあるのです。身近な大人である私の失敗や後悔，そして今現在，挑戦していることを語ることが重要なエッセンスになると感じています。問答タイムは，私の『学び合い』の語りやフィードバックでは足りない「思い」を補完しているのだと思います。

　縁あって出会った子ども達には，それぞれが幸せを見つけて生きていってほしい。そして仲間に何かあったときには助け合える関係でいてほしい。これは，私が教師として伝えたいメッセージです。そして問答を通して再認識した答えです。子ども達の問いに答えているようで，教えられ，気付かされたのです。私にとっての問答タイムは，異世代の『学び合い』が成立している時間と言えます。これからも続けていくと思います。子ども達の声に，教師として，人として共に成長できる材が隠れていると思うからです。

（小学校教諭）

　私は，「今，疑問に思っていること，不安に思っていること，その他何でもよいので，今の思いや，質問などを書いてみてください。また，今の思いを記録しておきましょう。」という質問をしました。1学期末から，3学期最初の5回にかけて，ロイロノートの質問ボックスに，質問がある子どもが提出できるようにしました。ある一定期間集約し，その質問に対し授業の冒頭で，子ども達の質問に私の考えを伝えています。

　質問内容は，主に教科のことが多いのですが，中には，「何のために生きているのか」「人生で最も幸せを感じることは何ですか」「普通の人とは」「常識とは」「不安とどうつきあったらよいですか」「先生の大切にしていることは何」「将来の夢がありません」「なぜ先生になったのですか」「自分に自信がないときはどうしたらいいのか」「人前でしゃべれません」など，生き方に関する質問がありました。

　3学期になると，受験に関する質問が増えますが，子どもの中には，「これからどんな人が求められるのか」「どんなことを今からやっておけばいい

のか」など，受験を超えた質問もあるのも事実です。

　私の回答は，「家族仲良く健康で」ということを最上位にし，これから必要な力は「自分で解決できなくても，他人の力を借りて解決できる力」が必要で，そのために多様で多数の人とのつながりが大切になってくる。ということを，柱に話をしています。また，私の進学先の選択の失敗や，今の私の学ぶ姿も伝えています。

　この問答をすることで，自分自身の生き方を考えるようになり，職場での働き方も変わってきたと実感しています。

（中学校教諭）

　私からの補足です。

　上記の方々は，オンラインゼミ（https://jun.edusalon.net/）のゼミ生の方々です。つまり，現在進行形で私と問答をして，その意味を理解し，直ちに自らの実践の場でトライした人たちです。その方々からいただいた文章にチョット修正しました。それは「生徒」，「高校」，「中学」等の学校種が特定される単語を「子ども」，「学校」等に置き換えたのです。そして，各文章の執筆者の所属学校は各文の末に付けました。

　みなさんは文章を読んで，学校種を当てられたでしょうか？おそらく，自信を持って特定された方はおられなかったと思います。中にはモヤモヤして，「最初に学校種を書いてくれればいいのに」と思われた方もいると思います（推敲段階に読んでいただいた方々の中に，そのような方はおられました）。

　なぜ学校種を特定できないのでしょうか？それは，子ども集団の構造は学校種によらず，『学び合い』の質を定めるイノベーター・アーリーアダプターの子どもは一定数は必ずいます。その子ども達の行動は学校種によらないからです。それだから，『学び合い』の会では，様々な学校種の人たちと違和感なく語り合えるのです。

　イノベーター・アーリーアダプターの子どもを信じて，生き方レベルの『学び合い』にトライしてください。

【著者紹介】

西川　　純（にしかわ　じゅん）

1959年東京生まれ。筑波大学生物学類卒業，筑波大学大学院教育研究科修了（教育学修士）。博士（学校教育学）。前臨床教科教育学会会長。上越教育大学教職大学院教授。『学び合い』（二重括弧の学び合い）を提唱。

【著書】

『クラスと学校が幸せになる『学び合い』入門〈会話形式でわかる『学び合い』テクニック〉』（明治図書，2014）
『みんなで取り組む『学び合い』入門』（明治図書，2017）
『『学び合い』はしない　１段上の『学び合い』活用法』（明治図書，2022）
他多数

『学び合い』　誰一人見捨てない教育論

2024年6月初版第1刷刊　ⓒ著　者　西　　川　　　　純
　　　　　　　　　　　　発行者　藤　　原　　光　　政
　　　　　　　　　　　　発行所　明治図書出版株式会社
　　　　　　　　　　　　　　　　http://www.meijitosho.co.jp
　　　　　　　　　　　　（企画）及川　誠（校正）安田皓哉
　　　　　　　　　　　　〒114-0023　東京都北区滝野川7-46-1
　　　　　　　　　　　　振替00160-5-151318　電話03(5907)6703
　　　　　　　　　　　　　　　　　ご注文窓口　電話03(5907)6668
＊検印省略　　　　　　　組版所　広　研　印　刷　株　式　会　社

Printed in Japan　　　　　　ISBN978-4-18-263429-1

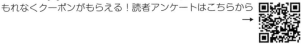
もれなくクーポンがもらえる！読者アンケートはこちらから →